# Glückliche Genügsamkeit

Pierre Rabhi

# GLÜCKLICHE GENÜGSAMKEIT

Aus dem Französischen
von Dirk Höfer

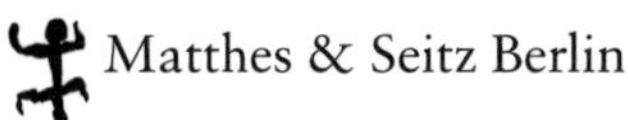

*Die reifste, die schönste Leistung, die die Menschheit nun zu realisieren hat, wird darin bestehen, auf ihre vitalen Bedürfnisse mit den einfachsten und vernünftigsten Mitteln zu antworten. Seinen Garten zu bestellen oder sich einer unabhängigen schöpferischen Aktivität zu widmen, wird als ein politischer Akt, ein Akt des legitimen Widerstands gegen die Abhängigkeit und die Unterwerfung des Menschen verstanden werden.*

# VORWORT

Seit fünfundvierzig Jahren habe ich, mit Unterstützung und dem stillen Einverständnis meiner Familie, mein Leben auf dem Pfad der Genügsamkeit geführt. Folglich möchte ich mich nicht in allgemeinen Erwägungen und Theorien verlieren und berichte hier lieber von den Gedanken, Entscheidungen und Initiativen, zu denen mich diese bewusst getroffene Wahl inspiriert hat. »Tun, was man sagt, und sagen, was man tut«, dieses Prinzip wird meinen bescheidenen Aufzeichnungen Kohärenz und hoffentlich auch Glaubwürdigkeit verleihen. Mit dem vorliegenden Bericht möchte ich ein paar Überlegungen zu jenen Entscheidungen beisteuern, die aufzuschieben in unmittelbarer Zukunft mittel- und langfristig ernsthaften Schaden anrichten würde. Wie auch immer man das unumgängliche Maßhalten angehen mag, eines ist gewiss: Die Grenzen, die dem Planeten Erde von Natur aus auferlegt sind, verleihen dem Prinzip eines unendlichen ökonomischen Wachstums einen unrealistischen und absurden Zug. Unrealistisch, setzt man auch nur die elementarsten biologischen oder physikalischen Analysemethoden auf die Erscheinungen und die Struktur des Lebens an; absurd, sobald man von der simplen Logik eines Denkens Gebrauch macht, das sich von jeder Manipulation freizuhalten weiß. Das herrschende System, das sich mit großen Leistungen brüstet, setzt in Wahrheit alles daran, seine Ineffizienz zu verschleiern, die schon eine einfache Energiebilanz zutage fördern würde. Eine solche Prüfung würde auch die inneren Widersprüche eines Modells aufdecken, das nicht produzieren kann, ohne zu zerstören, und folglich den Keim seiner eigenen Zerstörung in sich trägt. Es ist an der Zeit für eine Zivilisationspolitik[1], die auf der Stärke der Genügsamkeit beruht. Ein spannendes Experimentierfeld tut sich auf, das jeden dazu einlädt, mit der höchsten schöpferischen Leistung aufzuwarten, die da heißt: Unseren vitalen Bedürfnissen mit den einfachsten und vernünftigsten Mitteln Genüge zu tun. Es ist eine Option für die Freiheit und sie stellt einen politischen Akt dar, einen Akt des Widerstands gegenüber einer Sache, die den Planeten unter dem Vorwand des Fortschritts ruiniert und ihn dem Menschen entfremdet. Die Schönheit der Natur, des Lebens und der schöpferischen Tätigkeit des Menschen sollte uns auf dem vor uns liegenden Weg inspirieren.

# DIE SAAT DER REBELLION

# DER GESANG DES SCHMIEDS

Tag für Tag geht ein einfacher Mann, der im Süden Algeriens in einer kleinen Oase lebt, seinen Beschäftigungen als Familienvater und Ernährer nach. Er öffnet die Tür zu seiner Schmiedewerkstatt, zündet das Feuer an und wird den ganzen Tag lang nichts anderes tun, als Metall zu bearbeiten. Er hält die Landwirtschaftsgeräte der Bauern instand, repariert die einfachen Alltagsgegenstände. Dieser kleine Vulkan der Wüste lässt den ganzen Tag über den Amboss erklingen, ein Lehrling betätigt den Blasebalg, um die Flammen anzufachen. In einem Schwarm schnell erlöschender Sterne springen weißglühende Funken vom Hammer des Handwerkers, der von seiner Arbeit völlig in Anspruch genommen und gewissermaßen aus der Welt ist.

Ein schweigsames Kind sieht ihm zu, bewundert ihn und ist ungeheuer stolz. Von Zeit zu Zeit unterbricht der Mann mit dem energischen, asketischen, vor Schweiß triefenden Gesicht sein Tun, empfängt seine Kunden, erkundigt sich nach ihren Anliegen. Manchmal bildet sich vor der Werkstatt spontan eine Männerrunde. Man tauscht sich aus, trinkt Tee, man scherzt und lacht, auf einer Matte aus Palmfasern hockend, und unterhält sich auch über ernste Dinge.

Unweit des Ateliers liegt ein rechteckiger Platz, ziemlich groß, der von Läden – Bäcker, Metzger, Tuchhändler usw. – aber auch von Schuster- und Tischlerwerkstätten, Schneider- und kleinen Goldschmiedeateliers umgeben ist. Tag für Tag dringen Lieder aus den Läden, eine heitere Stimmung, die sich in der je nach Jahreszeit lauen oder stickigen Atmosphäre ausbreitet. Auf der Westseite befindet sich ein leerer, offener Platz, der für den Markt bestimmt ist. Eine Art Karawanserei, ohne Mauern, wo sich brüllende Kamele mit Schafen, Ziegen, Eseln und Pferden tummeln und einen starken Geruch verströmen. Wortkarge Nomaden kommen und gehen; andere hocken herum, lehnen an prallgefüllten Getreidesäcken; trockenes, gebündeltes Holz erinnert an die Wüste, wo es zusammengeklaubt wurde. Dem Auge des Käufers bieten sich haltbar gemachte, gepresste Datteln und in der Saison manchmal Wüstentrüffel. All dies bildet eine Art gedämpften Tumult, durchsetzt von den schrilleren Stimmen der Händler, die ihre Kunden herbeirufen. Manchmal bieten Geschichtenerzähler und Akrobaten einem im Kreis stehenden, faszinierten Publikum ihre Heldengeschichten und Träume feil. Zwischen ockerfarbenen, ineinander verschachtelten und von Dachterrassen überragten Häusern, die sich um ein weißes Minarett scharen – es sieht aus wie ein die vier Himmelsrichtungen absuchender Wachposten –, ist die gesamte Stadt von schattigen Gässchen durchzogen. Aus dieser lehmigen Ansammlung ragen hier und dort Palmen hervor. In einer Gegend, in der die Sonne ihre brennenden Strahlen wie kleine Stückchen Glut hervorschleudert, fungieren manche als Sonnenschutz und beschatten die

Gemüsegärten. Außerhalb der Stadt gibt es nichts als Sand- und Steinwüste, umschlossen von einem Gebirge, das sich wie eine endlose Mauer von einem Horizont zum anderen erstreckt. Inmitten der unwirtlichen Wüste mutet das Leben an wie ein Wunder.

Kargheit bestimmt den Alltag. Doch das extreme Elend berührt die Menschen dieser Kultur der Almosen und der Gastlichkeit – vordringliche Verpflichtungen, zu der die Grundsätze des Islam immer wieder anhalten – nur wenig. Die Jahreszeiten und die Sterne rhythmisieren die Zeit. Das über Jahrhunderte bestehende und über die Stadt wachende Mausoleum ihres Gründers, der zu seinen Lebzeiten Gewaltlosigkeit predigte, hat seit jeher für ein spirituelles, der Friedfertigkeit und Eintracht förderliches Klima gesorgt.

Die friedliche Stadt ist indessen kein Paradies. Wie überall sind die Menschen vom Leid heimgesucht; die Besten leben neben den Schlimmsten. In das Zusammenleben mengen sich Unstimmigkeiten, Missgunst, und auch die Lage der Frauen beleidigt Vernunft und Herz. Gleichwohl sorgt eine beharrliche Mäßigung für die Einhaltung des Friedens. Eine Art allgegenwärtiger Freude überwindet die Armut, ergreift jeden Vorwand, um sich in improvisierten Festen auszulassen. Hier offenbart sich die Existenz auf sehr spürbare Weise. Der kleinste Schluck Wasser, der kleinste Bissen Nahrung verleiht dem von einer nie erlöschenden Langmut getragenen Leben den Geschmack des Wahrhaftigen. Ist erst einmal das Notwendigste gewährleistet, stellen sich rasch Befriedigung und Dankbarkeit ein, als ob jeder gelebte Tag bereits ein Privileg, einen Aufschub darstellt. Der Tod ist etwas Alltägliches, aber keine Tragödie. Dass er die Kinder mit sich reißt, ist freilich grausam, doch die Überzeugung, wonach der Schöpfer sie der Schändlichkeit der Welt entzieht und ihnen somit das Privileg gewährt, ihre Unschuld zu bewahren, lindert den Kummer. Der Tod ist der Obwalter einer Endlichkeit, für die jeder gerüstet ist. Er ist allgegenwärtig und schert sich nicht um Rang, Prestige oder Reichtum. Er schaltet und waltet, wie es ihm gefällt, unvorhersehbar, und gibt Gott die Seelen wieder, wenn dieser es befiehlt. Sich mit dem abzufinden, was geschrieben steht, dient der Beruhigung, denn das Schicksal ist der Spielball der Dinge, gegen die der menschliche Wille nichts ausrichten kann. Aber nichts kann geschehen ohne den Willen Gottes.

Inmitten dieser vielgestaltigen Welt lässt der Schmied Tag für Tag seinen Amboss erklingen. Er selbst ist Sänger, Poet und gibt seine Kunst vor aller Welt zum Besten. Seine Stimme, begleitet von einem Saiteninstrument, versetzt die zahlreichen Zuhörer in freudigen Jubel, der sich unter einem ewigen, von Sternen glanzvoll durchzogenen Himmelsgewölbe manchmal bis zu einer kollektiven Trance steigern kann. Wenn diese Welt zwischen Traum und Poesie nicht von Leid und Kummer ausgenommen war, dann weil es sich dabei um eine Frucht gehandelt hat, die lange am Baum des Schicksals reifte. Nicht anders als an anderen Orten der Welt haben die Menschen auch hier nach Harmonie gestrebt, ohne sie vollkommen erlangen zu können, denn die Vollkommenheit gehörte nicht zu ihren Privilegien.

# DAS ENDE EINER JAHRHUNDERTEALTEN WELT

Und dann, unmerklich, langsam, beginnt alles in dieser Welt aus den Fugen zu geraten. Der Schmied wird traurig. Er ist besorgt, von seltsamen Gedanken geplagt. Abends kehrt er nicht mehr nach Hause zurück wie es ein freier Jäger tun würde – zwar bisweilen mit leeren Händen, aber doch meistens mit einem mit Essen reich gefüllten Korb für seine Familie, Nahrung, die er eigenem Verdienst, seinem Talent und seinem Mut sowie dem Wohlwollen Gottes verdankt. Für den Schmied gibt es immer weniger, bedrängend wenig Arbeit. Die französischen Besatzer haben Kohle entdeckt und bieten allen tauglichen Männern eine bezahlte Tätigkeit an. Die ganze Stadt steht Kopf. Die Zeiten, in denen das Leben einen intensiven Geschmack aufwies, sind vorüber – und auch die Ewigkeit. Die Stunde schlägt nach den großen und kleinen Uhren, die bis dahin unbekannt waren, schlägt im Takt der Minuten und Sekunden. Die neue Zeit möchte alle »Zeitvergeudung« abschaffen, und im Reich des stillen Traums wird Trägheit plötzlich als Faulheit verstanden. Jetzt heißt es ernsthaft bei der Sache sein, viel zu bewerkstelligen. Jeden Morgen gilt es, sich mit einer Acetylenlampe in die dunklen Eingeweide der Erde zu stürzen, um einen schwarzen Stoff auszugraben, in dem seit unvordenklichen Zeiten ein Feuer schlummert, als warte es auf seine Erweckung, um die Ordnung der Welt zu verändern. Jeden Abend kommen die Männer wieder hervor, das Gesicht schmutzig von dem merkwürdigen Termitenbau, in dem sie den ganzen Tag über eingesperrt waren. Nur mit Mühe sind sie wiederzuerkennen, selbst, nachdem sie sich gewaschen haben, ist ihr Gesicht nicht von der dunklen Kohlemaske und dem Staub befreit. Hartnäckig hält sich ein dunkler Ring um ihre Augen, das Emblem der neuen Bruderschaft der Bergleute. An immer mehr Armen prangt eine Armbanduhr; um schneller voranzukommen, werden Fahrräder angeschafft; das Geld dringt in alle Bereiche der Gemeinschaft. Die Traditionen wirken zunehmend veraltet, überholt. Man muss sich nun dem Geist der neuen Zivilisation überlassen.

Wie Alfred Daudets Meister Cornille[2], der unter dem Spott über seine vom Atem Gottes getriebene Windmühle leidet, die von den Dampfmühlen – dieser Erfindung des Teufels – aus dem Feld geschlagen wird, widersteht der Schmied nach Kräften diesen Umwälzungen. Aber er muss sich den Tatsachen beugen: Die Kunden machen sich rar, um seine Familie zu ernähren, braucht es ein Wunder. Es bleibt ihm nichts anderes, als selbst eine Termite zu werden. Dank seiner Fähigkeiten und seines Talents wird er als Zugwagenführer eingesetzt, mit seiner Rangierlokomotive zieht er lange Reihen von Waggons, die mit dem magischen schwarzen, für den Export nach Frankreich bestimmten Stoff gefüllt sind. So hält der Fortschritt Einzug in diese jahrhundertealte Ordnung.

Das Kind ist erschüttert, den Schmied allabendlich schmutzig wie alle anderen nach Hause kommen zu sehen. Als sei sein Idol entzaubert. Die Werkstatt ist von nun an ein stilles Gehäuse, das sich über die obsolet gewordenen Erinnerungen an eine undenkliche, brüsk abgelöste Zeit gestülpt hat. Der Amboss erklingt nicht mehr. Die Zivilisation ist da, mit ihren Attributen, ihrer Komplexität und ungeheuren Verführungsmacht, ohne dass das Kind sie hätte verstehen oder gar erklären können.

Zweifelsohne wird der Leser verstanden haben, dass der von dem Kind bewunderte Schmied, Poet und Musiker, der Vater des Autors und das Kind niemand anderes als der Autor selbst ist.

# DER AMBOSS SCHWEIGT

Die Knechtschaft seines Vaters fügt dem Kind eine seltsame Verletzung zu. Die gesamte Bevölkerung spürt, dass sich auf schleichende Art etwas Bedeutendes ereignet, ohne wirklich zu verstehen, worum es sich handelt. Die Ära, in der Arbeit zur Daseinsberechtigung wird, ruft, angefacht vom Geld und all den neuen Dingen, die nun zu kaufen sind, die Maßlosigkeit auf den Plan. Wie in einer letzten Aufwallung von Freiheit kehrten einige Minenarbeiter, nachdem sie ihr erstes Gehalt bekommen hatten, nicht mehr zur Arbeit zurück. Als sie ein, zwei Monate später wieder erschienen, wurden sie von ihren Arbeitgebern gefragt, weshalb sie nicht früher wieder zur Arbeit gekommen seien. Arglos antworteten sie, sie hätten ihr Geld noch nicht ausgegeben gehabt; warum also hätten sie arbeiten sollen? Ohne sich dessen bewusst zu sein, hatten sie eine Frage gestellt, die sorgsam umgangen worden war, die heute aber auch für unwesentlich gehalten wird. In jenen Zeiten der großen Umbrüche, als es darum ging, die *conditio humana* zu überdenken, hätte man sie aber sehr wohl beantworten müssen: Arbeiten wir um zu leben, oder leben wir, um zu arbeiten? Man kann sich gut vorstellen, dass die Bergbaufirma den undisziplinierten Naivlingen den Kopf zurecht gerückt hat.

Ich selbst musste sehr viel später begreifen, dass die arrogante und totalitäre Moderne diesen Schmied, wie zahllose andere Menschen in Nord und Süd, einer Herabwürdigung ausgesetzt hat, die aus der Negierung seiner Identität und seiner Persönlichkeit rührte. Schlimmer noch: Unter dem Vorwand, die Lebensverhältnisse zu verbessern, hat sie sie auf eine moderne Form der Sklaverei reduziert – und zwar für alle –, nicht nur, indem sie Finanzkapital generierte, ohne dabei auf Gerechtigkeit zu achten, sondern auch, indem sie das Geld zum Maßstab des Reichtums erhob und die denkbar schlimmste Ungleichheit auf dem Planeten etablierte. Die Ausbeutung und Versklavung des Menschen durch den Menschen, der Frau durch den Mann, stellt seit jeher eine Perversion dar, eine Art Fatalität, die der Menschheitsgeschichte ihre notorische Hässlichkeit verliehen hat; im Unterschied zu dieser, sagen wir spontanen Perversion, hat die Moderne mit ihren Revolutionen, die doch Schluss damit machen sollten, diese Perversion mit den schönsten moralischen Etikettierungen versehen und weitergetrieben: Demokratie, Freiheit, Gleichheit, Brüderlichkeit, Menschenrechte, Abschaffung von Privilegien ... Dies mag in ernster Absicht erfolgt sein; man sollte allerdings anmerken, dass selbst die beharrlichsten Versuche, eine gerechte Ordnung zu etablieren, von der tief verwurzelten Natur des Menschen vereitelt werden.

Nie hallte der Amboss so laut in mir wider als seit er schweigt; sein Schweigen ist unwiderruflich, eingeschrieben in eine unvollendete Partitur, in der die Melodie auf immer unterbrochen ist. Viel später musste ich mir eingestehen, dass mir dieses Schweigen den Keim einer Rebellion eingepflanzt hat, der Ende der fünfziger Jahre zur Entfaltung kam. Damals war ich zwanzig Jahre alt und die Moderne kam mir vor wie ein ungeheurer Betrug.

# DIE ENTTÄUSCHUNG

Ende der fünfziger Jahre war ich ein einfacher Arbeiter einer Firma im Pariser Umland. Meine Kollegen, die ich mochte und schätzte, waren überzeugt, dass die moderne Welt ihren Kindern eine strahlende Zukunft bereithielt; dies gab ihrer Tätigkeit einen Sinn. Auf diesen Glauben gestützt, wurden einige von ihnen zu so etwas wie Missionaren, auch wenn die Stimmung eigentlich zum Atheismus und einer stark ausgebildeten Laizität tendierte: Geimpft mit der Strahlkraft der marxistischen Doktrin, die ihnen als Gegenmittel gegen jegliche spirituelle Anwandlung diente, befanden sie sich in einem tiefen Widerspruch mit jeder Form religiösen Glaubens und beklagten den »Verrat« einer Kirche, die dem Kapital näher stand als dem Proletariat. Sie glaubten an den Fortschritt, dem sie eine Art Kult widmeten, der bis zur Selbstaufopferung reichte. Sie sagten: »Wir schinden uns, aber nur, damit unsere Kinder ein besseres Leben haben. Dank der Ausbildung, die uns noch verwehrt war, werden sie keine solche Drecksarbeit verrichten müssen. Sie werden uns für unsere Knechtschaft und unsere schwieligen Hände rächen.«

Das Bedauern, keine Ausbildung genossen zu haben, gab ihnen das Gefühl, zusammen mit den Bauern der niedrigsten Kaste anzugehören; so verhält es sich in jeder Gesellschaft, die auf eine intellektuelle Elite setzt.

Es war die Zeit der *Trente Glorieuses*[3] und nichts lag näher, als sich Illusionen zu machen: Die Wirtschaft lief auf vollen Touren, gespeist von den ergiebigen und nahezu kostenlosen Rohstoffen der Dritten Welt. Wie man weiß, lag damals über einer Gesellschaft, die eigentlich im Glück hätte schwimmen können, ein moralisches Klima der Enttäuschung, das vielleicht dem Überfluss geschuldet war. »Frankreich langweilt sich«, las man mitunter in der Presse. Im Gegensatz zu heute hatte die Jugend eine sichere Zukunft. Sie verspürte jedoch ein seltsames Unbehagen; als hätten die Exzesse des Habens die Bedürfnisse des Seins aufgehoben, erzeugte die Konsumgesellschaft auch Nöte und Frustrationen. In ihr ist der Konsument offenbar das Rädchen einer Maschine, die immer mehr produziert, damit immer mehr konsumiert wird. Sie führt die verdummende Maschinerie einer allgegenwärtigen Werbung ins Feld und spielt mit dem Konsumenten ein böses Spiel; sie ist eine Kurtisane, die ihm mit vorgegaukeltem Charme immer ekstatischere Freuden verspricht.

In Anbetracht einer solch heimtückischen Falle entstand der gegen die Konsumgesellschaft gerichtete Aufstand vom Mai 1968. Unter den äußerst komplexen Beweggründen dieser Revolte kann man einen für das Thema dieses Buches relevanten herausstellen, nämlich das explizit oder untergründig formulierte Bedürfnis nach Mäßigung. Überfluss und Glück gehen nicht unbedingt Hand in Hand; manchmal werden sie sogar zu Widersachern. Wie ich es bereits zehn Jahre früher geahnt hatte, allerdings eher gleichgültig, ja sogar misstrauisch gegenüber den Ideologien mit ihren Lehren und Dogmen, hatte diese Jugend, über die damals blühenden und heute hinfälligen Ideologien hinaus, die Vereinnahmung ihrer Kreativität durch eine Gesellschaft gespürt, die materiell zu sehr auf Sicherheit setzte und anscheinend unauflöslich in vollendeten Tatsachen erstarrt war. Die Jugend war auf der Suche nach einem Schicksal, dem das Wagnis, das Unbekannte Sinn und Reiz verleiht. Das Leben ist nur so lange ein schönes Abenteuer, wie es mit kleinen oder großen Herausforderungen bestückt ist, Herausforderungen, die die Wachsamkeit aufrechterhalten, die Kreativität anstacheln, die Einbildungskraft anregen, kurz, den Enthusiasmus, das heißt das Göttliche in uns, in Gang setzen. Die Lebensfreude ist ein höchster Wert, den wir alle erstreben, den aber selbst Milliarden Dollar nicht aufbieten können. Sie ist eine Art Privileg, die Tat eines geheimnisvollen Prinzen, der sie je nach Laune der einfachsten Hütte einräumen und dem üppigsten Palast verweigern kann.

Wie also nicht an einer Zivilisation zweifeln, die aus einer Krawatte die Schlinge gemacht hat, die für die alltägliche Erdrosselung steht? Ist diese Halsbinde nicht eine von der berüchtigten *unsichtbaren Hand* geführte Leine, die, am Ende eines harten Arbeitstages abgelegt, ein Gefühl der Befreiung aufkommen lässt? Auch die Sprache enthüllt verborgene Wahrheiten: Was soll man von Begriffen halten wie Humankapital, Personalabbau, Personalwirtschaft, Satzung, Führungskraft? Enthüllen all diese Beobachtungen nicht eine fundamentale Wahrheit, das heißt, den lächerlichen Charakter jenes von der Finanz- und Geldgesellschaft vereinnahmten Menschenwesens, das, hat es erst einmal das auf Exzellenz und Wettbewerb beruhende Wertesystem verinnerlicht, alles tut, um es von der Ausbildung an bis in alle mit dem sozialen Erfolg verbundenen Eitelkeiten hinein zu propagieren und weiterzutreiben? Und dieses Wertesystem ist noch nicht einmal ein Garant für ein durch und durch erfolgreiches Leben.

Diese Anklage richtet sich nicht gegen Einzelne, sondern gegen die Doktrin selbst. Die Moderne, mit der wir es zu schaffen haben, hat die Werte der Großzügigkeit verloren, auf die sie sich beruft, offenbar um sie besser verraten zu können … Der gegenwärtige Zustand der Welt, der Natur und des Menschengeschlechts zeugt von diesem betrügerischen Charakter.

# DER NIEDERGANG DER BÄUERLICHEN WELT

Seit Urzeiten haben die Völker die Mutter Erde besungen und ihr zu Ehren Gesänge verfasst. Begleitet von den für ihre Kultur typischen Instrumenten, priesen sie ihr Land, feierten seine Gastlichkeit, seine Schönheit oder auch seine Rauheit, seine Kargheit.

Während meiner Kindheit in der Sahara habe ich oft gesehen, wie Leute sich auf eine Reise vorbereiteten. Nach einer Verbeugung füllten sie eine Handvoll Erde oder Sand vom Ort ihrer Geburt und ihrer Ahnen in eine lederne Börse. Diesem Beutel, der am Gürtel möglichst nahe am Körper befestigt wurde, kam die Rolle eines Talismans zu, der sie auf ihrer Fahrt begleitete und ihnen, wo sie sich auch befanden, das Gefühl gab, mit ihrer Heimat verbunden zu sein. So, mit Menschlichem aufgeladen, transzendierte der Raum, in dem sich die lange Zeremonie des Lebens zuträgt, den Raum der Geografie. In dem Maße, wie die Zeit kosmischer Natur war und der Ort heilig, fand sich der Mensch tief in das Reale eingebettet, insofern als er der Welt eine Wirklichkeit nach seinem Rhythmus und den existenziellen Erfordernissen gemäß einschrieb.

Dazu fällt mir eine Anekdote des griechischen Schriftstellers Nikos Kazantzakis ein; er schilderte das Exil der Kreter, die vor den Türken geflohen waren.

Während des fürchterlichen Exodus, auf der Suche nach einem Zufluchtsort, trägt ein alter Mann schwer an einem Sack. Wohlmeinende Seelen bieten ihm ihre Hilfe an, aber er lehnt beharrlich ab. Schließlich erfährt man, dass der kostbare Sack die Gebeine der Vorfahren enthält. Zur Flucht gezwungen und ohne sicher zu sein, ob er wieder zurückkehren würde können, hatte der Alte alles darangesetzt, diese Reliquien auszugraben, um sie in dem Land, das ihn aufnehmen würde, wieder begraben zu können. Schnell wird klar, dass diese »Einsaat« mit der Absicht erfolgt, die unterbrochene Verbindung zu den Ahnen wiederherzustellen und letztlich das Drama des Exils zu lindern … Einer Scholle anzugehören ist für alle Völker lebenswichtig. Nur schwer hatte ich dies einem amerikanischen Entwicklungshelfer im Sahel verständlich machen können. Er hatte moniert, dass die Frauen genötigt wären, zwei Kilometer weit zu gehen, um Wasser für das Dorf zu holen. Logisch wie er dachte, schlug er vor, ein neues Dorf in der Nähe des Wassers zu errichten, verkannte dabei aber die Rolle, die die Verbindung zu den Ahnen spielte.

# DRAMEN DES EXILS

Die Moderne hat die verschiedensten Arten des Exils hervorgebracht. Eine davon war das Eingraben in die Schützengräben während der Gemetzel von 1914 bis 1918. Ich bin immer wieder betroffen und entrüstet, wenn ich an das Los denke, das diesen Bewirtschaftern der Erde zuteil geworden ist. Die Krönung der Grausamkeit bestand darin, die französischen und deutschen Bauern sich gegenseitig massakrieren zu lassen, aus Gründen, die weit perverser waren als bloße Vaterlandsverteidigung. Es gab ja dort die Gelegenheit, die schändlichsten technischen Erfindungen zu erproben, die der Zerstörung und dem Tod dienten. Nicht ein Dorf in Frankreich oder Deutschland, das keinen Blutzoll entrichtet hätte für eine schlecht definierte Sache oder vielmehr für eine Sache, die zu gut definiert gewesen war, um glaubhaft zu sein. Von den zahlreichen Unschuldigen aus den Kolonialgebieten, die die mörderischen Böden Europas mit ihrem Blut getränkt haben, will ich gar nicht erst sprechen. Manche Soldaten, selbst aus Europa stammende, die die Entwurzelung und das Exil nicht ertrugen, waren Berichten zufolge von einem solch schmerzlichen Heimweh nach ihrem Geburtsort befallen, dass sie darüber starben. Es gibt nichts Erschütternderes als die Briefe, die die Soldaten an der Front und in den Gräben ihren Familien, ihrer Liebsten schickten. In diesen vom Schrecken diktierten Schreiben sind die wesentlichen Elemente für das Verständnis des Menschseins versammelt: das physische und psychische Leid, die Verzweiflung, die Hoffnung, die Angst vor dem Sterben usw. Die Moderne, dazu angetreten, der Menschheit die Zivilisation zu bringen, wird, sobald sie sich in die Enge getrieben sieht, zum besten Beispiel für Barbarei.

Veranstaltungen und Erinnerungsfeierlichkeiten ohne wirkliches Gedenken geben diesen Schrecken einen Platz im Alltag, sie erfahren sogar eine gewisse Verherrlichung: Die Menschen bleiben archaischen Ritualen selbst in Gesellschaften noch zugetan, die behaupten, sich ihrer durch Vernunft entledigt zu haben. Es gehört schon viel Heuchelei dazu, abzustreiten, dass jener Völkermord in den Gräben den Interessen obskurer Cliquen diente, die ihren Lebenszweck darin sahen, den menschlichen Genius dem Massenmord zu weihen. Nicht nur, dass derartige Auswüchse auch heute noch im Schwange sind, sie haben darüber hinaus ein Ausmaß erreicht, das mit den Mitteln der Vernunft allein nicht mehr zu begreifen ist. An ihnen ist etwas Metaphysisches, denn sie nehmen tief im Bewusstsein und der Vorstellungskraft der Menschen Gestalt an. Sagt man nicht mit unvergleichlichem Zynismus, dass für die Ankurbelung der Wirtschaft nichts besser sei als ein »richtiger Krieg«?

Der Bedarf der Industrie an Arbeitskräften hat eine massive Wanderungsbewegung der ländlichen Bevölkerung in die industriellen Zentren ausgelöst und zur Zerschlagung der über Jahrhunderte gewachsenen traditionellen gesellschaftlichen Strukturen in Europa geführt. In der Tat war es die Körperkraft der Bauern, der die industrielle Revolution ihren Aufschwung verdankte. Diese bot ihnen im Gegensatz zur Mobilisierung auf dem Schlachtfeld ein scheinbar positives Ziel: Sie würden der schwierigen und unberechenbaren Situation, die ihnen die Scholle aufbürdete, entrinnen und die Sicherheit und den materiellen Komfort eines regelmäßigen Einkommens genießen. Die »freiwillige Knechtschaft« wurde, von einer den Fortschritt verherrlichenden Propaganda unterstützt, als Befreiung wahrgenommen. Nach vielen Bemühungen, die darauf abzielten, den fortwährenden Konflikt zwischen den Kräften des Kapitals und denen der Arbeit einzudämmen, ist es der industriellen Revolution, die sich um den Preis einer Ausplünderung des Planeten entfaltete, gelungen, alle Welt von ihrer Richtigkeit und ihren Wohltaten zu überzeugen. Gleichzeitig gelang es ihr zu verschleiern, worauf die genannten Wohltaten beruhen.

Doch für eine wachsende Zahl von Bürgern aus den sogenannten wohlhabenden Nationen ist heute eine Entzauberung, das Ende der Illusionen eingetreten. Der langanhaltende Prozess der Entfremdung mündet gegenwärtig in ein doppeltes Exil: Der Mensch hört auf, wirklich mit einem gesellschaftlichen Ganzen verbunden zu sein, und ebenso wenig fühlt er sich in seinem Land verwurzelt. Mobilität ist zur unabdingbaren Voraussetzung für den Erhalt einer Beschäftigung geworden. An die Stelle einer lebendigen Kultur ist ein Enzyklopädismus getreten, eine Ansammlung von Kenntnissen und Informationen, nach der Art eines Fernsehquiz, die nichts anderes als Abstraktionen erzeugen und keine echte kulturelle Identität schaffen, die mit dauerhaften Werten gleich welcher Art verbunden wäre. Im Strudel eines sich exponentiell steigernden Kaufrausches wird alles zunehmend provisorisch und flüchtig, die Menschen verwandeln sich zu hyperaktiven Elektronen, die Stress produzieren und sich selbst unter Stress setzen, was bekanntlich ernsthafte Krankheiten nach sich zieht.

# ENTFREMDUNG VON DER LÄNDLICHEN WELT

Wie man heute feststellen kann, ist die ländliche Welt den Illusionen und den Beschädigungen der Moderne nicht entkommen. Seitdem ich mich 1961 wieder der Erde zugewandt habe, hat dieser Befund meiner Naivität große Enttäuschungen beschert. Ich dachte, indem ich dem Stadtleben den Rücken kehrte, würde ich mich dem Produktionswahn entziehen können. Aber bald musste ich feststellen, dass er auch auf dem Land wütete. Die Indoktrination war so stark, dass sich meine jungen Kollegen in dem landwirtschaftlichen Ausbildungsbetrieb, in dem ich, schon Familienvater, Grundlagen der Landwirtschaft zu erlernen suchte, in einem unbezwingbaren Rausch befanden. Ihre Unterhaltungen drehten sich fast ausschließlich um die Wunderwerke der Agrarchemie, in der sie unterwiesen worden waren und mit deren Hilfe dem Boden tonnenweise Nahrungsmittel abgerungen werden konnten. Sie priesen die Wirkung von Düngemitteln und von Pestiziden, die gegen verschiedene Schädlinge und Pilzerkrankungen eingesetzt wurden. Ihre Äußerungen wurden von Tag zu Tag martialischer. Hersteller von sogenannten Pflanzenschutzmitteln gaben dabei den Ton vor: Wenn sie ihre Produkte mit den Totenkopfemblemen oder gekreuzten Knochen auf den Etiketten vorstellten, leisteten sie einer kriegstreiberischen Einstellung gegenüber allem Lebenden Vorschub. Doch der Gott, der alles überstrahlte, der alles bestimmte, dem die meisten Lobeshymnen zukamen, blieb der Traktor. Er war das Symbol der Macht, das mit allen Phantasmen verklärte Emblem des technischen Fortschritts; mit seinen Pferdestärken hatte er das Pferd abgeschafft, er war das Symbol einer Umwälzung und erlaubte den jungen Nachkommen vieler Generationen barfüßiger Landarbeiter ihr Leben mit der Moderne überein zu bringen. Dies war ein umso wichtigeres Anliegen, als der Bauer lange für einen Nachzügler des Fortschritts gehalten wurde. Und er selbst hatte das herabwürdigende Bild eines Knechts, der mit den Füßen in der Ackerfurche steckt, verinnerlicht.

Mit dieser Initiationserfahrung haben wir uns als Familie auf dem Land eingerichtet, zu einer Zeit als, stimuliert von einer gemeinsamen mitteleuropäischen Agrarpolitik, der Wahn des Immer-Mehr in der Landwirtschaft um sich griff. Das dieser Politik zugrundeliegende Modell war nach dem Ende des Krieges durchaus gerechtfertigt gewesen, da es enorme Nahrungsmitteldefizite zu kompensieren und zugleich die Kriegsschäden zu reparieren galt. Es war wie ein Klarmachen zum Gefecht: Fördermittel heizten den Arbeitseifer an; Bauernhöfe mit vielfältiger Fruchtfolge und Viehzucht machten landwirtschaftlichen Industriebetrieben und Monokultur Platz; Darlehen des Crédit agricole für Ausrüstungsgegenstände aller Art waren leicht und günstig zu bekommen; mit der Vergrößerung der Flurstücke wuchs die Produktion, die Flurbereinigung, immer mächtigeres mechanisches Gerät, der massive Einsatz von Düngemitteln, Pestiziden und ausgewähltem Saatgut …

Ich möchte hier nicht mehr auf all jene Fragen eingehen, die ich in anderen Büchern zur Genüge ausgeführt habe. Das agrarische Epos des Westens kommt mit dem Verschwinden des Bauern als dem Bewirtschafter der Mutter Erde zu seinem Ende. Ohne sich darüber im Klaren zu sein, hatte er an dem blinden Wachstum und der Herrschaft der Maßlosigkeit teil, deren Heftigkeit wir zur Zeit beklagen. Überaus tragisch daran ist, dass dieser manipulierte, von der allmächtigen Ideologie des Profits beeinflusste Bewirtschafter das lebenserhaltende Gemeingut, welches zu unterhalten und der Nachwelt zu übergeben er seit Urzeiten beauftragt war, zerstört hat und noch immer zerstört. Jener bewahrende Auftrag setzte Sorgfaltspflicht voraus – im Französischen als *gestion »en bon père de famille«* bezeichnet –, wie sie in ländlichen Pachtverträgen formuliert wurde. In Frankreich ist diese juristische Formulierung zur Wahrung des Erbes aus allen Geschäftsvereinbarungen getilgt worden.

Überdies haben die internationale Konkurrenz und die Marktgesetze die Bauern dazu gebracht, sich gegenseitig wirtschaftlich in den Ruin zu treiben – und dies gilt auch für ihre ärmsten Vertreter. Der Hunger auf der Welt, den das moderne Produktionssystem hätte ausmerzen sollen, wurde durch die von der Gier diktierten Mechanismen noch verschlimmert. Die dem physischen und wirtschaftlichen Ruin entronnenen Bauern mögen in ihrem eigenen Interesse begreifen, dass dem Menschen angemessene landwirtschaftliche Strukturen mit einer breitgefächerten Produktionsweise auch als Bastionen gegen die seelenlosen und maßlosen Blutsauger des Profits zu betrachten sind. Die auf dem Respekt und der Mäßigung beruhende Verbindung mit der Erde wird nicht nur ihr Überleben gewährleisten, sondern auch ihre Würde bewahren. Ich träume oft von der Heraufkunft eines neuen Bauern, der sein kleines Gehöft führt wie ein freier Souverän sein kleines Königreich. Im Verbund mit der abflauenden Konjunktur bietet die Finanzkrise Gelegenheit, die wahren Reichtümer zu bestimmen. Eigentlich müsste die Krise die Welt dazu veranlassen, das Gesellschaftsmodell als Ganzes infrage zu stellen. Nachdem sie sich alle Vorteile verschafft und dank der Arbeit der Landwirte schamlose Reichtümer produziert hat, ist die Logik des Profits dabei, die Bauern auszuhungern, solange, bis sie vom Erdboden verschwunden sein werden.

# DIE MODERNE, EIN BETRUG?

*Die Moderne wird hier noch häufig erwähnt werden, nicht um ihr eine weitere Lobrede, sondern eine radikale Kritik angedeihen zu lassen. Meine Anklageschrift wird umso strenger ausfallen, je mehr Licht auf die gefährlichen Auswirkungen einer Ideologie fällt, die womöglich die heuchlerischste der Menschheitsgeschichte ist. Ausgelöst vom Schweigen des Amboss sind die Motive der Rebellion umso stärker und virulenter geworden, je weiter die Entzifferung von Zielen und Gründungsmythen der zeitgenössischen Welt vorankam und im Blick auf die Vergangenheit ihre Eigentümlichkeit enthüllte. Es wäre jedoch ungerecht und absurd, würde man bestimmte, der Moderne zuzuschreibende Fortschritte auf dem Gebiet der Politik, der Technologie oder der Medizin leugnen. Anstatt jedoch die vorausgegangenen Errungenschaften zu optimieren, haben die positiven Neuerungen der Moderne mit diesen reinen Tisch gemacht, als habe der menschliche Genius zuvor nichts anderes als Obskurantismus, Ignoranz und Aberglaube hervorgebracht. Dieser umfassenden Arroganz haben wir die Uniformierung und die Standardisierung auf allen Kontinenten zu verdanken.*

# FORTSCHRITT ZWISCHEN MYTHOS UND REALITÄT

Die Technologien und die zahlreichen Innovationen, die unter dem Signum des Fortschritts für alle – eines Fortschritts, der sich als Mythos entpuppt – heute die Welt faszinieren, stellen lediglich die Avatare eines Prinzips quasi metaphysischer Natur dar. Hinter den verführerischen Erscheinungen einer Ära, der die Befreiung des Menschen zugeschrieben wird, tritt nun eine Ideologie zutage, die auf der Verherrlichung eines selbst inthronisierten Demiurgen beruht, eines Wesens, das den Göttern des Olymp ebenbürtig zu sein beansprucht, gestützt einzig auf die Macht der Vernunft, deren Vorrang schon das antike Griechenland erklärte und besang. Dieser Anspruch, der von radikalen materialistischen Theorien verstärkt wurde, hat das, was man als Spiritualität bezeichnet, auf ein Minimum reduziert, ja mit dem fundamentalistischen Materialismus sogar aus dem neuen, westlich geprägten Denken verbannt. Aus dieser den Menschen zum König erhebenden metaphysischen Voraussetzung heraus wurde die untergeordnete Stellung der Natur proklamiert und schließlich das Prinzip, die Rohstoffvorkommen des Planeten nach und nach auszubeuten, zur Norm erhoben. Ein unvoreingenommenes Denken, das sich die daraus erwachsenden zerstörerischen Folgen für das Leben vor Augen führt, wird sich fragen müssen, ob die Natur den Menschen nur zum Zweck ihrer eigenen Ermordung hat entstehen lassen. Wie aber sollte man einer solch absurden Hypothese zustimmen können? An ihr ist nicht weniger Falsches, als sich selbst den Status eines Prinzen der Schöpfung einzuräumen, dessen ausbeuterischem Treiben der gesamte Planet überlassen ist.

Um der Moderne nicht alles aufzuhalsen, sollte daran erinnert werden, dass die Plünderung und die Verwüstung des Erdballs sowie seines lebenserhaltenden Kleids, seiner Wälder, bereits eine gravierende Folge des Übergangs von den sogenannten primitiven zu den entwickelteren Zivilisationen darstellt.[4]

Abgeschnitten von der Klugheit des Lebens, dessen Geschöpfe wir alle sind, hat der Fundamentalismus der reinen Vernunft eine Parallelwelt aufgebaut und strukturiert, die nun vor dem Ruin steht. Die Welt ist unübersehbar in eine Falle geraten, der zu entrinnen sie kein echtes Rezept kennt. Selbst im Mikrokosmos unseres Alltags werden die Einschränkungen und Abhängigkeiten des modernen Lebens für uns alle immer spürbarer.

Seit zwei oder drei Jahrhunderten hat die Moderne all das, was nicht mit ihrer mineralischen Denkweise übereinstimmte, in Abrede gestellt oder ausgelöscht. Unter »mineralischem Denken« verstehe ich das aus dem radikalen Positivismus hervorgegangene Denken, das keine Bezugnahme mehr auf Subjektivität, Sensibilität und Intuition erlaubt. Es scheint die Realität auf eine fragmentierte und mechanische Weise wahrzunehmen; dies erfordert die Herausbildung von Spezialisten und steht im Gegensatz zu der ganzheitlichen und auf Wechselseitigkeit beruhenden Sicht der Ökologie. Wie jeglicher Glaube, der *per definitionem* auf einer als absolut erachteten Überzeugung beruht, hat dieses Denken mit größtem Bekehrungseifer versucht, die Rationalität zu einem allgemeinen Prinzip zu erheben, um Realität ohne das Risiko eines Irrtums in den Griff zu bekommen. So hat es, wenn auch ohne durchschlagenden Erfolg, alles daran gesetzt, die Völker jener subjektiv erlangten Überzeugungen und Erfahrungen zu berauben, die in den Augen einer tyrannischen Wissenschaftsgläubigkeit lediglich Obskurantismus und Aberglaube bedeuten.

Aber das größte Vergehen dieses regressiven Denkens besteht darin, die Schönheit, die Herrlichkeit des Lebens und des Menschen der Vulgarität der Finanzwelt überantwortet und zur Errichtung einer universellen Ordnung Beihilfe geleistet zu haben, deren Auswirkungen unter anderem in der sogenannten Finanzkrise mündeten; wie sollte man nicht von schmerzlicher Wut ergriffen werden, wenn man sieht, wie das Leben durch schiere Ignoranz entweiht wird? Die heutige Welt wurde unter dem Diktat eines seelenlosen Rationalismus errichtet. Sie scheint aller Poesie entkleidet, der Langeweile und dem Verdruss anheimgegeben. Die zunehmende Verstädterung scheint den Raum für eine echte Kreativität einzuengen zugunsten einer beträchtlichen Ausweitung, einer Vermehrung von unüberprüften Konzepten oder Erfahrungen, Abstraktionen, die sich oftmals als Chimären herausstellen. Gleichzeitig verstärkt sich das Streben nach mehr Lebenssinn, nach dem Glück eines unbeschwerten Daseins. Ohne allzu großen Optimismus und nur gestützt auf die Beobachtung der Tatsachen kann man behaupten, dass unter dem Eindruck des prometheischen Scheiterns und angesichts der sich zuspitzenden ökologischen und sozialen Situation ein neues Denken entsteht.

Ich habe drei Jahre in der Fabrik gearbeitet, an der Seite von Männern und Frauen, die aus allen Provinzen Frankreichs stammten oder nach Frankreich eingewandert waren. In diesem ärmlichen Mikrokosmos war die Entfremdung durch eine uninteressante oder gar schädliche Arbeit bestürzend. Einzige Gegenmittel in dieser Lage waren die Anteilnahme, die Herzlichkeit und die Verbundenheit, die in dieser Welt aufblühten. Was die Entfremdung anbelangt, muss man wohl nicht mehr an die Fließbandarbeit eines Frederick Taylor erinnern, die den Menschen zu einem biologischen Rädchen gemacht und auf ein Bewegungsrepertoire reduziert hat, das bis zur völligen Abstumpfung wiederholt wurde. Und muss man noch auf die Bergleute hinweisen, die dem Untergrund Erze und Brennstoffe für die Hochöfen entrissen und dies mit einer Staublunge bezahlten? Die Liste ist lang. Wie aber ist diese verharmloste Knechtschaft mit den humanistischen Verlautbarungen in Einklang zu bringen? Als Lagerarbeiter hatte ich selbst eine gewisse Zeit an dieser kleinen Arbeitswelt teil, hatte notgedrungen Gelegenheit, ihre Atmosphäre und das, was sie mit den Menschen macht, mitzubekommen. Wenn ich heute versuche, mir diese Atmosphäre wieder vor Augen zu führen, kommt mir das Bild einer Pyramide in den Sinn. Eine nahezu militärisch hierarchisierte Pyramide mit den wichtigen Menschen an der Spitze, die alles Positive auf sich vereinen – gute Gehälter, Anerkennung, Autorität und alles, was sich daraus ergibt – und am unteren Ende der Pyramide die Menschen, die alles Negative auf sich ziehen – mittelmäßige Bezahlung, dürftige Wohnverhältnisse. Zwischen den beiden befinden sich Gruppen, die aufsteigen und sich vor einem Abstieg hüten müssen. Sie stehen für den Weg der Entwicklung und der Exzellenz, wie sie zuvor durch das Erziehungssystem vorgezeichnet worden waren. Ich erinnere mich insbesondere an eine geradezu pathologisch ungesunde Malerwerkstatt, in der arme Menschen über ihre Fähigkeiten und ihre Arbeitskraft hinaus ihre ganze Gesundheit verpfändeten, um daraus einen mageren Lohn für ihren Lebensunterhalt zu beziehen. In diesem seltsamen menschlichen Bienenstock wurde die Arbeit wie eine große Tugend hochgehalten und in den Dienst einer ständig auf Hochtouren laufenden Produktion gestellt. Ein solches Szenario bildet den unantastbaren Leitsatz eines entgrenzten wirtschaftlichen Wachstums; jede Übertretung oder Infragestellung dieses Prinzips wird bis heute als Häresie angesehen, die in anderen Zeiten auf den Scheiterhaufen geführt hätte.

Wenn ich die Bedingungen objektiv prüfe, die den Menschen unter dem Vorwand eines lautstark als Befreier ausgegebenen Fortschritts auferlegt wurden, komme ich kaum umhin, den krebsartigen Charakter des Systems zu bemerken – es handelt sich um eine auf den Menschen angewandte Variante einer »Kultur ohne Boden«[5]. Auf meinen Vorträgen bringe ich das Thema oft zur Sprache; dabei lenke ich die Aufmerksamkeit des Publikums auf den Weg, der den Menschen ins Herz der Moderne führt: vom Kindergarten bis zur Universität erlebt er eine Einkapselung. Das Vokabular, das wir im Alltag verwenden, gibt darüber Aufschluss, ohne dass wir uns dessen bewusst wären: Manche von uns begeben sich in die Kasernen, andere arbeiten in kleinen oder großen *boîtes* (französisch: Kiste, hier: Betrieb oder Klitsche). Selbst um uns zu zerstreuen gehen wir in die Disco *(en boîte),* und wie? In unserer alten Kiste *(caisse)*, womit sonst! Es gibt sogar die *boîtes à vieux,* die Altenheime, bevor unser Weg in der letzten Kiste endet, wo nichts unsere Ruhe trüben kann. Alles im Leben des Städters ist beschränkt vor allem durch die Abwesenheit des Horizonts, ob er sich dessen bewusst ist oder nicht. Das Fernsehen, das mit seinen Bildern die Weite der Welt vorführt, lässt uns dies einen Moment lang vergessen … Der Gipfel dieses eingekerkerten Daseins ist die Allgegenwart von Schlüsseln, Schließanlagen, Eingangscodes und Überwachungskameras. Ein solches Klima der Prävention, des Verdachts wird geradewegs soziale Gifte freisetzen, ein Gefühl der Unsicherheit schüren und innere wie äußere Schranken errichten. Aber es handelt sich um eine noch viel bedenklichere Einschließung. Mit ihrer heimtückischen und schädlichen Natur wirkt sie direkt auf die menschliche Psyche, und der übermäßige Gebrauch elektronischer Medien und Geräte ist das Einfallstor. Man gewinnt den Eindruck, dass der Gebrauch dieser Geräte die neuen Generationen auf äußerst wirkungsvolle Weise beeinflusst. Das Buch, über Jahrhunderte das Kommunikationsmedium, macht dem Bildschirm Platz. Dieser dient aber mehr schlecht als recht dazu, in einer von Einsamkeit gezeichneten und sich nach sozialen Bindungen sehnenden Gesellschaft, Kontakte zu knüpfen, seien sie nun leidenschaftlicher Natur oder nicht. Unmerklich aber sicher ist die Moderne dabei, die Schlacht um die endgültige Entfremdung des Individuums zu gewinnen, indem sie es abhängig macht von Geräten, die vorgeben, es zu befreien. Dabei handelt es sich um ein Mittel, den Geist im globalen Maßstab zu klonen und zu standardisieren, was man beim Reisen bereits feststellen kann. Alles scheint im Bereich des Möglichen zu liegen.

Wir wissen, dass das individuelle Gehirn sich nicht hätte entwickeln können ohne Verbindung zu einem kollektiven Gehirn; in einer nebulösen Informationswelt ist dieses Gehirn möglicherweise auf eine bioelektronische Komponente reduziert, die Informationen empfängt und aussendet, ohne klares Bewusstsein darüber, was dies für die allgemeine Entwicklung des Menschen bedeutet. Es ist illusorisch zu glauben, dass das menschliche Gehirn unbeschadet aus der Verlagerung von äußerst komplexen und subtilen – zudem über einen langen Zeitraum erworbenen – Funktionen auf immer perfekteren Maschinen hervorgehen könnte, und ohne dass man sich darüber im Klaren ist, welche Folgen dies für die Entwicklung des Menschen im Allgemeinen haben wird. Hat das Gehirn mit der Erschaffung von letztlich unsichtbaren Geräten etwa zum Ziel, sich selbst abzuschaffen? Das ist eine Frage, die drängender ist, als einem lieb sein kann. Selbst ein weniger kompliziertes Gerät wie das Auto gliedert seinen Fahrer wie ein biologisches Bauteil in die komplexen Mechaniken ein, die ihm erlauben sich fortzubewegen. Das Freiheits- und Allmachtsgefühl des Fahrers setzt die Unterordnung des Gefährts unter die von ihm auferlegten Regeln voraus, und dies führt die kleinste Panne, ganz gleich, ob mechanisch oder durch Kraftstoffmangel verursacht, deutlich vor Augen.

Muss sich Genügsamkeit nicht auch auf den heutigen Glauben erstrecken, der unbedingte und zeitlich uneingeschränkte Zugang zu allen verfügbaren Informationen sei ein Faustpfand der Freiheit? Überdies kann die Information, die man für absolut unstrittig halten mag, auch die schlimmste Desinformation darstellen. Alle Scheinhandlungen, alle Täuschungen sind möglich, sodass es durchaus angebracht ist, sich um das Los des »Wahren« zu sorgen, das doch zu einer der Grundfesten einer aufgeklärten Gesellschaft gehört. Wir erleben heute die Geburt einer Art Supermarkt der Informationen, in dem alles und auch sein Gegenteil auf Lager ist; Lügen und Dementi liegen für jeden griffbereit. Zahlreiche Bücher sind die Frucht simpler Kompilationen von Daten, die aus dem riesigen Reservoir der Fakten und Ereignisse geschöpft wurden, und die jeder auf seine Weise interpretiert. In dem vieldeutigen Ozean der Tugenden und Laster dürfte der ehrbare Bürger zunehmend Schwierigkeiten haben, sich eine Meinung zu bilden. Verloren im Labyrinth des Für und Wider, des Pro und Anti, und aufstöhnend unter der Frage »Wo ist der Ausgang?«, »Wo liegt die Wahrheit?« oder »Was ist die Wahrheit?«, könnte er immer und jederzeit in der Beruhigung, die die Stille bietet, einen Ausweg finden. Ah! Die Stille ... Welch Wunder! Sich von Zeit zu Zeit eine Informationsdiät zu verpassen, wie ein reinigendes Fasten, ist durchaus ein Akt der Genügsamkeit, der äußerst wohltut.

Wir stehen hier vor einem Dilemma, das es zu klären gilt. Wie sollte man in dieser nebulösen Vieldeutigkeit nicht eine neue Macht erblicken: die der legalisierten Indiskretion, die bis in die vertrautesten und intimsten Bereiche unsere Existenz vordringt? Ist es nicht an der Zeit, eine tödliche Faszination, die fast einer Verhexung gleichkommt, aufzugeben, um das, was das Leben uns an Lebendigem liefert, zu bewundern und die Empfindsamkeit und die Intuition zu reaktivieren, die die Botschaft der Realität erfahrbar machen? Kein Gerät kann unsere Integrität beeinträchtigen, solange es von einem aufgeklärten Bewusstsein gebändigt wird. Mäßigung ist sicherlich ein Mittel, das dem menschlichen Genius ermöglicht, sich tatsächlich in den Dienst des Menschen und des Lebens zu stellen. Nie zuvor in der Geschichte gab es eine Ordnung, die eine derartig große Abhängigkeit wie in der Moderne erzeugte. Die Verbreitung der Geräte hatte anscheinend keinen anderen Zweck, als den Wahnsinn für uns erträglich zu machen, wo es doch unabdingbar wäre, ihn als die große Anomalie, die er nun einmal darstellt, infrage zu stellen. Ist es nicht langsam an der Zeit, eine Existenzweise einzuführen, in der Arbeitstakt und Tagesleistung, die Geräte und die Mittel von einem individuellen und kollektiven Bewusstsein beherrscht werden, das endlich frei von Illusionen ist? Auch dazu kann Genügsamkeit beitragen.

# DER PROFITGIER UNTERWORFEN

Gestützt auf die industrielle Revolution hätte die Moderne von ihrem anfänglichen Prinzip und ihren ursprünglichen Intentionen her eine Chance für die Menschheit sein können. Aber sie hat einen fatalen Fehler begangen, dessen Konsequenzen wir erst heute mit der großen Krise zu ermessen beginnen: Sie hat das gemeinsame Schicksal, die ganze Schönheit und Erhabenheit der Erde der Vulgarität der Finanzökonomie untergeordnet. Seither steht ihr Schicksal fest. Alles was keinen Preis hat, hat keinen Wert. Das Geld, dazu erfunden, den Tauschhandel zu rationalisieren, steht eigentlich ein für das Streben, die Vorstellungskraft, die Kreativität, die lebenswichtigen Güter, doch es wurde verfälscht von jenem Geld, das »man im Schlaf verdient«. Solche Ausführungen mögen heutzutage banal klingen; es ist jedoch keineswegs damit getan, die Auswirkungen der Finanzökonomie auf die gelehrten Analysen von Nobelpreisträgern einer Pseudo-Wirtschaftswissenschaft einzudampfen. Denn was gemeinhin »Ökonomie« genannt wird, besteht in einem System, das aufgrund seiner zerstörerischen und verschwenderischen Natur geradezu das Gegenteil – eigentlich eine Beleidigung – der Ökonomie darstellt.

Ich möchte hier noch einmal auf die Sprache zurückkommen und auf ihr Vermögen, die Menschen bewusst zu verwirren und Missverständnisse geschickt aufrechtzuerhalten. Für einen einfachen Verstand stellt die Ökonomie eine großartige Kunst dar, deren Daseinszweck es ist, die Aufteilung und den Austausch von Gütern unter einem Minimum an Verlusten und zum Wohle aller unter Vermeidung unnötiger oder übermäßiger, das Vermögen aufzehrender Ausgaben zu verwalten und zu regulieren; Geiz und Vergeudung sind ihr entgegengesetzt. Grundsätzlich gehört die Ökonomie von Anfang an untrennbar zur menschlichen Existenz. Das sprichwörtliche Eichhörnchen, die emsige Ameise, die der allzu sorglosen Grille einen Kredit verwehrt und die Biene, die für schwierige Zeiten Honig hortet, legen Guthaben an und verfallen nicht der Spekulation.[6]

Der Mensch allein hat die Verschwendung in eine Welt eingeführt, die von dem Prinzip bestimmt ist: »Nichts entsteht, nichts geht verloren, alles wandelt sich.«

Während einer Fernsehsendung wurde ein schwerreicher Mann gefragt, ob er sich wie ein Raubtier vorkomme; unter Verweis auf den Überlebenskampf der Arten meinte er, er sei lediglich den Regeln, wie sie das Leben schreibt, gefolgt. Leider wurde dabei eine fundamentale Frage außen vor gelassen: Man hätte dem besagten Herrn unter die Nase reiben müssen, dass das räuberische Verhalten des Menschen von anderer Art ist als das Beutemachen der Tiere. Wenn ein Löwe eine Antilope verschlingt, begnügt er sich mit dieser vom Leben dargebotenen Opfergabe. Er verfügt weder über eine Bank noch über ein Antilopendepot. Deshalb sieht man auf manchen Fotografien einen Löwen neben Antilopen und Zebras oder anderen Beutetieren an der Tränke; solange sie keine Fresslust verspüren, können sie am selben Wasserloch trinken, auch wenn es vorkommt, dass einige Raubtiere diese günstige Gelegenheit für ihre Jagd nutzen.

Von einer elementaren, auf das Überleben und den Arterhalt ausgerichteten Realität hat sich der Mensch entfernt und ist nun seinen Phantasmen in die Falle gegangen. Er misst Edelsteinen und Metallen einen exorbitanten symbolischen Wert bei und verwendet sie zur Bereicherung derer, die bereits haben. Als die »Rothäute« sahen, wie Horden europäischer Eroberer auf der frenetischen Suche nach Gold über ihr Land fegten und sich gegenseitig massakrierten, glaubten sie tatsächlich, das Metall mache verrückt. Sie hüteten sich davor, es anzurühren, um nicht dem Wahnsinn zu verfallen. Ich bin immer wieder erstaunt über die Macht, mit der eine bestimmte Arglosigkeit tiefe Wahrheiten zutage fördern kann. Ja, das Gold hat die Menschheit verrückt gemacht. Und es ist schockierend, festzustellen, wie viel verborgene Kraft eine Sache besitzt, die doch nur Metall ist.

Man kann sich also fragen, wie so viel Irrationalität die gesamte Geschichte auf so tragische Weise beeinflussen konnte – und ob funkelnde Steine wie der Diamant das Opfer eines ganzen in den Eingeweiden der Erde verbrachten Bergarbeiterlebens verdienen, nur damit sich die Schönen im prätentiösen Glanz großer

Empfänge mit den Juwelen schmücken und somit ihre Zugehörigkeit zur Kaste der Reichen kundtun können. Was sie übrigens nicht vor den Wechselfällen des Lebens bewahren wird. Sobald der Flitter der Erscheinungen von einem illusionslosen Blick hinweggefegt ist, wird man im Herzen der triumphierenden, von ihrem Pseudo-Reichtum eingenommenen Kasten sogar eine moralische Niedergeschlagenheit konstatieren können, die erbarmungswürdig ist.

Die Liste all der überflüssigen Dinge, die die Geschichte zum Nachteil des Erforderlichen in die schlimmsten Wirren gestürzt hat, ist lang. Sogar das im Grunde banale Automobil mit seinem äußerst praktischen Nutzen, der Fortbewegung, ist aufgeladen mit phantasmatischen Vorstellungen: Freiheit, Macht, Glück, Aufbruch, Erotik usw. Unaufhörlich erfindet die Werbung Kaufanreize, unterschwellige Manipulationen, die ungeachtet ihrer Legalität den Verführungstechniken von Sekten das Wasser reichen. Und um die Kauflust noch zu steigern, empfiehlt sie einen Konsum »ohne Mäßigung«.

Die Maßlosigkeit scheint also der menschlichen Subjektivität zu entspringen, sie ist der Versuch, die Banalität des Alltags hinter sich zu lassen und ein grenzenloses Feld für stets neue, sich nie erfüllende und immer miteinander im Wettstreit liegende Wünsche zu eröffnen, wobei es im Wesentlichen darum geht, durch die dargebotene Erscheinung die Lust der Mitmenschen zu wecken. Lust zu machen ist also ein bedeutendes Element bei dem mimetischen Prozess, der ins Werk gesetzt wird, um Wünsche zu stimulieren. Bisweilen aber handelt es sich dabei um Wünsche, deren Erfüllung wegen fehlender Mittel unerreichbar ist. Das erzeugt Frustrationen, kann aber ebenso den Willen anstacheln, sie zu realisieren, was wiederum der Dynamik der Maßlosigkeit zugute kommt. Vergleich und Nachahmung werden mithin zu Leidensfaktoren, während ein Geist der Mäßigung über die Lust triumphieren und uns ein tiefes Wohlbefinden bescheren kann, wie es das Objekt unserer Begierde nicht zu gewähren vermag.

Die traditionellen Kulturen, die durch Mäßigung reguliert werden – eine natürliche und spontane Haltung (»Wir gehören der Erde an«) –, weichen den Zivilisationen des Exzesses (»Die Erde gehört uns«), die sich ihrer eigenen Auslöschung schuldig machen. Dieses mit der Moderne auftauchende Phänomen kann sich auf die Wunderwerke technologischer Effizienz verlassen, um sich zuzuspitzen und sein Ende zu beschleunigen. Das Paradigma des Energieverbrauchs hat den gesamten Erdball einer noch nie dagewesenen Ordnung unterworfen; die Wahrnehmung von Zeit und Raum hat sich tiefgreifend verändert. Seit jeher stattet die Technologie ihre Erfinder und diejenigen, die von ihr profitieren, mit unvergleichlicher Macht aus; da aber die Bewusstseinsentwicklung nicht ausreicht, die Neuerungen auf konstruktive Ziele zu lenken und sie zu beherrschen, wird die Gefahr des Abdriftens immer konkreter.

Der demiurgische Mensch ist benebelt von der Macht der reinen Vernunft, und das ermöglicht ihm, die natürlichen seit jeher bestehenden Regeln und Grenzen zu überschreiten. Die Natur, mit der der ursprüngliche

Mensch in Eintracht zu leben bestrebt ist, hat der prometheische Mensch sich zu unterjochen angeschickt, er möchte sie nach seinem Gutdünken beherrschen und ausbeuten. Die Sage vom König Midas, dem sich der Mythologie zufolge alles, was er berührte, zu Gold verwandelte, passt gut in den Geist unserer Zeit. Aber Gold lässt sich nicht essen.

Ursprünglich in einer Kultur beheimatet, die bäuerlich und von der Weidewirtschaft geprägt war, leisten wir heute den Mineralstoffen einen Götzendienst, der der Biosphäre großen Schaden zufügt, wie wir auf dramatische Weise feststellen müssen. Der Übergang vom Pferd zu den Pferdestärken hat beträchtlich zu dem Vorsprung beigetragen, den der Westen über andere Völker erlangte. Schließlich hat eine hoch entwickelte militärische Aufrüstung zu einer beispiellosen Vorherrschaft geführt; dies schlug sich besonders in der Annektierung von Ländern und der Enteignung ihrer legitimen Bewohner nieder.

Der Eroberungszug der Europäer hat überdies eine Weltordnung etabliert, die die notorische Kluft zwischen Nord und Süd mit ihren enormen Ungleichheiten hervorbrachte und es mithilfe der Finanzökonomie erlaubte, ein System der Vormundschaft zu errichten. Verfügt der Bürger weder über Gehalt noch über andere Rücklagen, verliert er jegliche gesellschaftliche Realität; er wird zu einem Indikator degradiert, an dem sich das Minimalniveau des nationalen Wohlstands misst. Diese »Funktion« ist so gut in die Banalität des sozialen Geschehens integriert, dass die Empörung, die sie auslösen müsste, völlig neutralisiert wird. Denn nun verdankt der Bürger einer vom Staat erbrachten Sozialhilfe, karitativen Organisationen oder der Zivilgesellschaft sein Überleben – ein Dasein, das man schwerlich als Leben bezeichnen kann. Dieses leidende Ektoplasma verschafft den bessergestellten Individuen das angenehme Gefühl, ein positives Karma zu haben. Die fragmentierte, unterteilte, zersplitterte Gesellschaft flößt in zunehmendem Maße Angst ein und produziert zugleich angstlösende Mittel, mit deren Hilfe ein Alltag erträglich wird, den Herz und Verstand eigentlich ablehnen müssten.

Daher wird der Mensch, dessen Psyche von der Krankheit der Profitgier befallen ist, vor allem von einem Gründungsmythos beherrscht. Zwar können die Ökonomen mit ihrem Zahlenwerk, ihren Gleichungen und ihren Verhältnisraten die Mechanismen eines scheinbar rationalen Systems verständlich machen, doch lassen sie den entscheidenden Parameter im Dunkeln, nämlich dass die Finanzwelt ein Glaubenssystem quasi metaphysischer Art darstellt, das tief in der menschlichen Subjektivität verankert ist. An diesem uneinnehmbaren Ort wird sie zur alles vereinnahmenden Besessenheit, zur bevormundenden Gottheit, spielt nach Lust und Laune mit Hoffnung und Verzweiflung, beherrscht die Staaten, verleiht dieses aufgeblasene Gefühl der Macht, das dazu dienen dürfte, der Angst vor der eigenen Bedeutungslosigkeit entgegenzuwirken, der Angst vor der Endlichkeit des Lebens, eines Lebens, das der Lächerlichkeit anheimfällt, wenn es nicht am allgemeinen Prunk partizipiert. Wie sonst sollte man den Einfluss dieses Phänomens auf die gesamte Wirklichkeit verstehen? War das Geld in seinen Anfängen noch klingende Münze, hat es sich mit der Finanzwelt in ein Fluidum verwandelt, in einen Geist, der umgeht, wo er möchte, der Frustrationen schürt, und dies schlicht, um sich seine Vorherrschaft zu erhalten. Ihm zu Gefallen fertigt man Waffen, die den Genius des Menschen entehren, und errichtet unter dem Label der »Globalisierung« eine menschenfresserische Ordnung.

# ERSCHÜTTERTE BEZUGSPUNKTE

Mit ihrer Zeit-ist-Geld-Gleichung hat die Moderne mit den jahrtausendealten Rhythmen gebrochen, die die Menschen der Zeit eingeprägt haben. Diese würden natürlich nicht ohne unsere Gefühle und Wahrnehmungen existieren. Sie sind so etwas wie eine Illusion, die unserem Leben ein verständliches Maß verleiht; ohne diese Empfindungen wäre da nur die Ewigkeit, eine Nicht-Zeit, wenn man so möchte.

Die moderne Welt hat die universellen und unveränderlichen Parameter verändert, die es der Anthropologie für die Zeit vor der industriellen Revolution erlaubte, ein Bezugsraster auf die Gesamtheit des Menschengeschlechts anzuwenden. Alle Völker haben sich in eine irdische, kosmische und zeitliche Realität eingeschrieben. Allein, wie diese Realität aufgefasst wurde, konnte sich von einer Gruppe zur anderen unterscheiden. Hinzu kamen die Dinge, die die Fragen des Lebens, des Todes, der Liebe und des Leids behandelten – also alles was mehr oder weniger zur Metaphysik gehört. Bei der Entschlüsselung des Phänomens Mensch hat die Anthropologie Beträchtliches geleistet, aber vieles bleibt noch zu tun. Es genügt, sich selbst zu hinterfragen, um ermessen zu können, wie schwierig Selbsterkenntnis ist. Ich werde mich daher dieses Themas mit aller Bescheidenheit annehmen, immer bemüht, soweit es in meiner Macht steht, an der Humanisierung mitzuwirken, ohne die unser Dasein auf Erden keinen Sinn hätte.

In den allermeisten Überlieferungen scheint die Zeit keine besondere Ausgestaltung erfahren zu haben. Sie bleibt sozusagen statisch, und das schicksalsgebundene Menschenwesen schreibt ihr seine Kreisläufe, seine Geburten, sein Sterben und seine Genealogien ein. Nach der »Nicht-Zeit« der sogenannten primitiven Völker haben die Agrargesellschaften eine spürbarere Wahrnehmung der Zeit eingeführt, wobei die Perioden der Beschäftigung und die der Erholung zumindest in unseren Breitengraden rigoros vom Wechsel der Jahreszeiten bestimmt wurden. Diese Zeit ist kosmischer Natur. Für die anfänglichen Menschen, die Geburtstagen oder anderen Zeitmaßen keine Beachtung schenkten, war es anscheinend nicht die Zeit, die ablief, sondern das Menschenleben, das verstrich, um zu einem mutmaßlichen aber nicht weniger wirklichen Anderswo zu gelangen. Für die Moderne ist es eine Zeit, die abläuft, vor allem, seitdem sie an das Geld gekoppelt ist. Folglich darf Letzteres nicht verloren, sondern nur gewonnen werden – was zu dem Wahn geführt hat, der nun allgemein die Existenz bestimmt. Diese ist in Stunden, Minuten und Sekunden aufgeteilt, sie wird bewacht von Uhren und Weckern und anderen Zeitmessern ... Kronos, der Gott der Zeit selbst, dürfte an dieser Hysterie, die er sich wohl kaum vorstellen konnte, irre werden. In den Sportstadien kann der Bruchteil einer Sekunde dem Sportler den Sieg nehmen oder schenken; in seinem Gesicht, das von den körperlichen Anstrengungen verzerrt ist, schlägt sich die Besessenheit des Spiels und seiner Regeln nieder. Diesem Wahn zuliebe, diesem kollektiven Krankheitsbild, von dem man wie von einer manifesten Anomalie nicht ablassen will oder kann, werden Geräte erfunden, die sowohl der raschen Fortbewegung als auch der schnellen Kommunikation dienen. Die Rhythmen sind rasend, der Mangel an Zeit chronisch. Es handelt sich um eine Maschine, die den Bürger bedrängt und in ihm ein Angstgefühl aufkommen lässt, das ihn lähmt und einen unablässig von seinen alltäglichen Bedürfnissen traktierten Körper mit Schmerz und Anspannung heimsucht: von den obersten bis zu den untersten Schichten der sozialen Hierarchie Wesen, deren Leben bis an sein Ende der Produktivität gewidmet ist. Der Abfall, den ein solches System produziert, steht für die Irrationalität dessen, was sich gerne als rational ausgibt.

Mit den Informationstechnologien nimmt der Begriff der Zeit zudem eine unvorhersehbare aber entscheidende Wendung. Sie ermöglichen es, unmittelbar und überall auf jede gewünschte Information zuzugreifen, mit weit entfernten Gesprächspartnern zu kommunizieren. Sie sind Teil jenes magischen Instrumentariums, das Zeit und Raum bis zu ihrem Verschwinden verkürzt. Zwischen einer Zeit, die auf ewigen kosmischen Kreisläufen basiert und der einer hysterischen Zivilisation »ohne Boden« entsteht eine Zeitblase. Diese ist paradoxer Natur: Sie verschafft einer psychologischen Zeit Geltung, die sich den gewohnten Bezugspunkten entzieht, und wird als eine Größe wahrgenommen, die sich auf die Unendlichkeit zusammenziehen oder auch ausdehnen kann. In ihr gerät man »durcheinander«, wie die Bauern der Ardèche sagen würden. Und dennoch erinnern uns unser Herzschlag, der Rhythmus unseres Atems oder des Blutkreislaufs unentwegt daran, dass wir nach der kosmologischen Uhr getaktet sind und nicht im Rhythmus der Kurbelwellen unserer Verbrennungsmotoren ticken. Die Geräte, die zur Zeitersparnis entworfen wurden und im Dienst einer unbegrenzten produktiven Effizienz stehen, verfehlen schlussendlich ihren Zweck.

»Ihr Westler erfindet Geräte, um Zeit zu sparen und sind doch genötigt, Tag und Nacht zu arbeiten«, stellten meine Freunde aus der Dritten Welt fest.

Man kann durchaus die Frage erörtern, ob die virtuelle Zeit, die jeden Tag aufs Neue zur Matrize der Existenz des modernen Menschen wird, mit der von ihr ausgelösten Phasenverschiebung der Natur des Menschen beträchtlichen Schaden zufügen wird. Freunden stellte ich einmal die Frage, ob ihr studierender Sohn bei ihnen sei. Sie antworteten, klar sei er bei ihnen, doch ohne es tatsächlich zu sein ... Ich habe schließlich verstanden, dass er zwar physisch unter ihrem Dach weilte, aber da sein Geist völlig von der Tastatur, der Maus und dem Bildschirm in Beschlag genommen war, hatte er sich weit von seiner Familie entfernt. Er war von den Wundergeräten bis zur Bewusstlosigkeit hypnotisiert. Er hatte sich einer Geistergesellschaft ganz neuer Art angeschlossen, mit der er den Dialog führte, den er mit seiner Familie nicht zu führen imstande war. Aber da bislang noch keine virtuelle Mahlzeit erfunden worden ist, war seine flüchtige Anwesenheit bei Tisch der einzige Moment des Zusammenlebens, den er seiner Familie zugestand.

Kommunikation und Beziehung miteinander zu verwechseln ist extrem abträglich, wenn es darum geht, eine echte, solidarische und dem Zusammensein gewidmete Zeit wiederzuerobern, eine Zeit, deren Lebenswichtigkeit zunehmend spürbar wird. In der Lebenswelt eines jeden von uns können soziale Bande nicht einfach wegfallen, ohne enormen Schaden anzurichten. Kommunikationsgeräte, Fernsteuerungselemente, Informationstechnologien besitzen zwar stets einen großen Speicher aber niemals Erinnerung. Stärken sie wirklich die sozialen Bande, oder verknüpfen sie nicht eher die Einsamkeit? Das Internet hat womöglich den Vorteil, die Information vor willkürlichen Zensurmaßnahmen der Mächtigen zu schützen. Es kann daher einen geeigneten Raum für den Aufbau eines planetaren Bewusstseins bereitstellen. Aber es ist auch ein »Nicht-Internet« und dies, weil es alle Schändlichkeiten der Welt transportieren, verbreiten und zur Verfügung stellen kann … Wie alles, was vom Menschen je erfunden wurde, kann es, je nachdem wie es um das Bewusstsein seiner Nutzer bestellt ist, zum Guten wie zum Schlechten dienen.

Im Übrigen ist es beunruhigend, dass die zur Perfektion entwickelten Geräte den Menschen in vielen Fällen dazu zwingen, seine Lebensweise ihren funktionalen Anforderungen anzupassen. Sind unsere technologischen Neuerungen, indem sie ihren Einflussbereich fortwährend erweitern, nicht dazu ausgelegt, unsere Fähigkeit einzukassieren, auch mit einfachen, nachhaltigen und beherrschbaren Mitteln zu handeln? Diese komplexen Instrumente, die eigentlich dazu gedacht sind, der menschlichen Gemeinschaft zu dienen, sind in Wahrheit dabei, sie zu unterjochen. Ivan Illich hat dies sehr gut zum Ausdruck gebracht, als er von der »Umwandlung der Apparate, der *tools*« sprach. Aufgrund ihrer Komplexität entgleiten sie der Kontrolle ihrer Nutzer und erfordern zu ihrer Reparatur immer höher spezialisierte Techniker. Wer kann heute noch einen Computer, ein mobiles Telefon, ein Fernsehgerät reparieren? Selbst Autos, die noch vor kurzer Zeit aus einfachen Bauteilen zusammengesetzt waren, mit denen man umgehen konnte, sind heute selbst für einen guten Amateurschrauber unzugänglich geworden.

Mit ihren Geräten, deren Betrieb völlig auf konventionelle Energien angewiesen ist, ist die moderne Welt – entgegen allem Anschein – verletzlicher als jemals zuvor in ihrer Geschichte. Dass fossile und andere Strom erzeugende Energien sich erschöpfen und das ganze System lähmen und augenblicklich obsolet machen könnten, liegt außerhalb des Vorstellbaren. Im Falle eines Falles aber würden wohl diejenigen Gemeinschaften, die über keine der ausgebufften Technologien verfügen, der Katastrophe entrinnen. Solche Gemeinschaften sind im Wesentlichen auf Energien angewiesen, wie sie der menschliche Körper, die Kraft der Tiere zur Verfügung stellen, und auf jene Elemente, deren Verbreitung und Gebrauch die moderne Ökologie befürwortet. Die menschliche Perversion kennt keine Grenzen; bekanntlich gehören die Störung und die Neutralisierung der »feindlichen« Kommunikationstechnologien zu den Strategien, die auch militärisch erforscht werden. Man kann sich leicht die Verwundbarkeit einer Nation vorstellen, die zu Taubheit und Blindheit verurteilt ist, wenn alle Bildschirme erlöschen.

Der eine oder andere wird natürlich glauben, dabei handele es sich um Science-Fiction; er vergisst aber, dass zahlreiche Hypothesen, die zu ihrer Zeit als völlig verworren galten, von den Ereignissen bestätigt wurden. Die meisten der unserem Verhalten entspringenden Phänomene, deren katastrophale Auswirkungen wir heute beklagen, wurden früher für undenkbar gehalten. So wurde Aldous Huxleys Roman *Schöne neue Welt* bei seinem Erscheinen als unrealistisches Wahngebilde wahrgenommen. Heute wissen wir, dass er sehr wohl mit der Realität vereinbar ist. Derartige Verdrängungen mögen dem Umstand geschuldet sein, dass die modernen Prophezeiungen, einzig gestützt auf objektive Kriterien, Projektionen und Vorhersagen für eine strikt rationale Welt machen. Zudem lassen sie einen wichtigen Faktor außer Acht: die menschliche Subjektivität. Ein Börsenkrach entsteht nicht allein aufgrund von Fehlmechanismen der Finanzökonomie; er ist vielmehr subjektiven Momenten wie der Angst, der Gier oder dem Ehrgeiz zuzuschreiben.

Es wird nie möglich sein, den Gang der Welt zu begreifen, ohne dabei die Irrationalität des Menschen in

Betracht zu ziehen. Die schlimmsten Gewaltausbrüche und Kriege verdanken sich mehr dem Glauben, dem Nationalismus, Ideologien, Mythen und Symbolen und weniger konkreten Ursachen wie dem oft beschworenen Anspruch auf Land – diese dienen eher als Alibi. So ist etwa der israelisch-palästinensische Konflikt mit seinen schrecklichen Leiden und Zerstörungen nicht auf die Frage des Raums zu reduzieren. Erwägungen religiöser und symbolischer Natur behindern seine Lösung in erheblichem Maße. Die Technologie hat trotz aller Wundertaten und -werke noch keinen Apparat erfunden, mit dem sich Egoismus, Gier, Ehrgeiz, Ängste, Tugenden und Makel messen ließen. Solche Geräte würden es erlauben, die entscheidenden Daten in der Entwicklung der Gesellschaften zu berücksichtigen. Man kann es nicht oft genug sagen: Die Welt sich erst dann zum Besseren wendet, wenn sich jeder Einzelne bessert. Es gibt keinen anderen Weg.

In den Wirren, in denen wir uns heute befinden, ist es zunehmend schwieriger zu wissen, wem die schweren Schädigungen des Lebens in seiner Gesamtheit anzulasten sind. Es ist, als ob die Komplexität des Systems Bewusstsein, Fähigkeiten und Triebe des Menschen als bloße Grundelemente einer Ordnung integriert hätte, die das wichtigste Attribut des Menschen, den freien Willen, einschränkt, ja sogar abschafft. Selbst diejenigen, die die herrschende Ordnung ablehnen, sind gezwungen, sie durch ihre alltäglichen Handlungen aufrechtzuerhalten: einkaufen, Strom und Wasser verbrauchen, telefonieren, Computer und Mobiltelefone benutzen, sich fortbewegen usw. Häufig beklage ich meine Ohnmacht gegenüber einem Widerspruch, der mich dazu bringt, die Atmosphäre zu verschmutzen, da ich mein Auto oder das Flugzeug benutzen muss, um die Ökologie, die Agrarökologie usw. in die Welt zu tragen. Die Momente, in denen unser höchstes Streben unserem Verhalten entspricht, sind begrenzt, und wir sind gezwungen, uns mit der Realität zu arrangieren. Man muss sich aber unbedingt dafür einsetzen, dass eine Übereinstimmung erzielt und die Inkohärenz nicht mehr als Norm oder schlimmer noch als alternativlos erachtet wird. Jede Gelegenheit, sich und seine Vorsätze mit der Realität in Einklang zu bringen, muss ergriffen werden. Man darf die Wichtigkeit und Macht der kleinen Vorsätze nicht geringschätzen. Sie tragen erheblich dazu bei, die Welt auf eine Weise zu gestalten, wie es eine wachsende Zahl von Mitmenschen anstrebt; das ist zumindest meine Sicht der Dinge.

# GENÜGSAMKEIT,
# EINE WEISHEIT AUS ALTER ZEIT

*Zu beschreiben, zu definieren, was ich seit vielen Jahren unter Genügsamkeit verstehe, ist mir immer schwergefallen. Daraus eine Lebenseinstellung zu machen ist schon viel, aber es reicht bei Weitem nicht, um die ihr eigenen Besonderheiten aufzudecken. Genügsamkeit kann als eine überlegte Haltung betrachtet werden, die gegen die Überflussgesellschaft protestiert, das heißt als eine Form des Widerstands gegen einen verschwenderischen Konsum. Sie kann verstanden werden als Beitrag, die herrschende Ungleichheit zu lindern, in einer Welt, in der Überfluss und Elend koexistieren. Die religiöse Lebenswelt hat aus ihr eine Tugend geformt, eine asketische Übung. All dies trifft gewissermaßen auf das zu, was ich mit Genügsamkeit meine, aber es geht um mehr. Um dies auszudrücken, ist mir nichts Geeigneteres eingefallen, als der kleine wahrheitsgetreue Bericht, der nun folgt.*

# EIN DORF IN AFRIKA

Es geht um ein afrikanisches Dorf im Herzen einer halbtrockenen Region, die zunehmend zur Wüste wird, in einer Zone, die die Araber »Sahel« nennen. Das bedeutet »das Gestade«, man denkt also an den Küstenstrich des riesigen Sand- und Steinmeers der Sahara. Zwischen der großen Wüste und dem tropischen Urwald gelegen, befindet sich das Land in einer Art Agonie; die enorme Trockenheit der siebziger Jahre hat schreckliche Zerstörungen für Fauna und Flora, für die Viehherden und den Boden mit sich gebracht. Die allgegenwärtige Armut gestattet mehr oder minder kärgliches Überleben, aber oft genug gleitet sie in schieres Elend ab; trotz allem haben die allerorts zu verspürenden Kräfte des Lebens nicht nachgelassen und halten sich beharrlich in einer kümmerlichen Vegetation und in abgemagerten Tieren, die hie und da spärliches Futter abweiden. Sie halten sich auch in den Herzen der fleißigen und wunderbar fröhlichen Frauen, und in denen der Männer, die fast ohnmächtig in einer zeitlosen Trägheit gefangen sind. Von Zeit zu Zeit erhebt sich ein Windstoß heißer Luft und fegt Staub in neckischen Wirbeln über den Boden, um sich danach ohne die geringste Spur zu verlieren. Auf den Feldern stehen die Halme von Hirse, Mais und Sorghum ohne Ähren. Die Ernte ist gerade vorüber.

Die jungen Bauern sind voller Freude, drängen auf den Versammlungsplatz des Dorfes, ringen sich um den Doyen, der in seiner ärmlichen Kleidung auf einer Matte hockt, mit dem Rücken an seine ockerfarbene Lehmhütte gelehnt. Der Mann ist schön, nicht weil er feine Züge hätte, sondern weil sein zerknittertes und von einem weißen Bart geschmücktes Gesicht eine seltene Ausgeglichenheit ausstrahlt, der die Blindheit, mit der er geschlagen ist, Erhabenheit verleiht. Er lebt ganz aus der Stille und der Kontemplation heraus. Der Mann ist gewissermaßen ganz bei sich. Wenn er von Zeit zu Zeit mit einem Fächer durch die Hitze und Benommenheit einer quasi stillstehenden Zeit wedelt, verkörpert er Vornehmheit und Würde. Ihm, der bald bei seinen Ahnen weilen, im Jenseits leben und gleichwohl die Verbindung zu jenen, die in der hiesigen Welt wohnen, aufrechterhalten wird, erweisen die jungen Bauern Ehrerbietung und Respekt. Nachdem der Greis bekundet hat, dass er aus seinem geheimen Tempel herausgetreten und ganz Ohr ist, ergreift einer der jungen Bauern das Wort: »Doyen, wir wollen dir eine gute Nachricht überbringen. Dieses Jahr ist die Ernte gut. Dank der Großzügigkeit des Himmels, der den Boden ausgiebig mit seinem Wohlwollen getränkt hat, war auch die Erde großzügig. Nun können wir in Ruhe der nächsten Ernte entgegenblicken.«

Der Alte gibt seiner Freude mit einem kleinen Jauchzen Ausdruck und sagt:

»Lasst uns der Erde danken und dem Himmel, der sie befruchtet hat. Ich freue mich mit euch.«

Nach einem Moment des Schweigens ergreifen die jungen Bauern wieder das Wort:

»Wir wollen dir auch mitteilen, dass das Pulver der Weißen, mit dem wir das Landstück im Osten des Dorfes gedüngt haben, mehr als den doppelten Ernteertrag eingebracht hat. Es wirkt besser als der Dung und macht uns Hoffnung.«

Der Alte verfällt einen Moment lang in Schweigen, im Nachsinnen scheint er in seinen inneren Altarraum zurückgekehrt zu sein. Die jungen Männer sind von der fehlenden Begeisterung des alten Mannes nicht gerade angetan. Endlich ergreift er das Wort:

»Meine Kinder, ich weiß nicht, woraus das Pulver gemacht ist. Aber es scheint, dass Gott es gutheißt, da es eine solch segensreiche Wirkung auf die Erde hat und folglich auch auf unser Leben. Wir werden noch mehr Vorteile haben, wo es doch, wie ihr gesagt habt, so reiche Ernte bringt: Von nun an können wir uns damit begnügen, nur noch die Hälfte unseres Lands zu bestellen, und vielleicht sogar noch weniger, so Gott will. Wir werden uns weniger abmühen müssen. Lasst uns unter allen Umständen maßhalten, damit in unseren Seelen immer Zufriedenheit wohnen möge. Und wenn unser Bedarf mehr als gedeckt ist, dürfen wir die nicht vergessen, denen dies nicht vergönnt ist, denn Gott gibt, damit wir geben.«

Diese kleine, auf einer wahren Begebenheit beruhende Szene ist eine großartige Lektion. Wir wissen nicht, ob die Antwort bei den jungen Bauern auf Begeisterung gestoßen ist oder sie eher verdrießlich gestimmt hat. Vielleicht haben sie in dem Alten keinen Weisen mehr gesehen, sondern nur einen Mann, der aus der Zeit gefallen ist, befangen in einer Vision, die in der Ära der Produktivität überholt scheint. Die neue Zeit wird sich langsam im Gemüt der Bauern breitgemacht haben. Sie wird diese bäuerlichen Gemeinschaften unmerklich dazu verführt haben, sich denjenigen anzuschließen, die bereits der absoluten Vorherrschaft des Geldes den Treueschwur geleistet haben. Man weiß, wie diese Geschichten weitergehen. Diese bislang autonomen Völker werden dazu angehalten zu arbeiten, um Nahrungsmittel für den Export zu produzieren – zum Nachteil ihrer eigenen Ernährungsgrundlagen. Auch sie werden dafür sorgen, dass Devisen in ihr Land »zurückfließen«, vorgeblich, um es zu modernisieren. Sie werden chemische Zusätze verwenden müssen, um den nötigen Ertrag zu erbringen. Aber diese Zusätze werden aus Erdöl hergestellt, ein Rohstoff, den sie nicht produzieren, und der teuer ist. Jetzt sind sie den Gesetzen des Marktes unterstellt, in die Arena geworfen, in der die erbarmungslosen Regeln des Wettkampfs herrschen; sie werden immer auf der Verliererseite stehen. Das Elend nimmt zu und treibt sie in die Emigration.

Es hilft hier wenig, auf die Mechanismen der Maßlosigkeit zu verweisen, die das Elend auslösen. Diese Männer werden programmiert und werden zum Spielball zynischer Strategien, die sie von der Genügsamkeit ins Elend befördern helfen, wie es Rajid Rahnema in seinem Buch herausgestellt hat.[7] Es handelt sich dabei um eine Logik von einer derartigen Vielschichtigkeit, dass die Menschen sie nicht mehr bewältigen können, auch aufgrund einer strengen Ethik, die auf das Wohl aller ausgerichtet ist. Die Erde verliert ihren Status als nährende Mutter und verkommt zu einer Anlage, aus der man Geld ziehen kann. Dies zieht die Zerstörung jahrhundertealter lokaler Organisationsformen nach sich und ist verantwortlich für die großen Ungleichheiten auf dem Planeten.

Noch vor Kurzem war es in einem afrikanischen Dorf mit zweihundert Einwohnern so gut wie unmöglich, Geld im Gegenwert von hundertfünfzig Euro einzusammeln. Wie aber konnten diese Bevölkerungsgruppen ohne Geld leben? Ganz einfach: Das Geld existierte nicht für diese Menschen, es machte gar keinen Sinn, dass es existierte! Sie lebten nicht von Dollars. Mit dem Tauschhandel, mit dem Warenaustausch wurde die Verteilung der lebenswichtigen Güter geregelt; diese Formen des Handels hätten wahrlich den Wirtschafts-Nobelpreis verdient. Es existierten auch keine Renten, Sozial-, oder sonstige Versicherungen. Für die Altersversorgung kamen die Kinder auf, nach dem Prinzip wechselseitiger Unterstützung von Generation zu Generation. Die Dorfgemeinschaften saßen sehr nahe an der Quelle ihres Lebens – oder ihres Überlebens –, es handelte sich um ihren Boden, ihr Wasser, ihr Saatgut, ihre Kenntnisse und Fertigkeiten. Sie bauten ihre Häuser in Eigenregie – wie man heute sagt –, und mithilfe der Gemeinschaft. Auch kamen sie ihren immateriellen und kulturellen Bedürfnissen nach. Infolge ihrer Wanderungen bildeten sie keinen engen sozialen Verband, aber doch einen sozialen Körper, in dem sich jedes Individuum an dem Platz wiederfindet, an dem es sich selbst und den anderen am nützlichsten ist. Denn die Stärke der sozialen Bande, auch wenn es sich nicht immer um ideale Beziehungen handelte, schaffte die Einsamkeit aus der Welt. Das Individuum war nicht allein durch seine physische und moralische Wirklichkeit bezeichnet, sondern auch als eine Seele in der stärksten Bedeutung des Wortes, als ein künftiger Verstorbener mit einem im konkreten Sinne unsterblichen Geist: Es wird als Ahne weiterleben. Was man auch immer von diesem Glauben halten mag, angesichts des Todes, der in der modernen Welt so furchteinflößend ist, hat er den Vorteil, beschwichtigend zu wirken.

Um auf das Thema dieses kleinen Berichts zurückzukommen, möchte ich fragen, wie die Mäßigung, zu der der alte Blinde seine Dorfgemeinschaft aufgefordert hat, zu interpretieren wäre, solange der Mangel bestehen bleibt? Das ist nicht einfach mit einem Rückgriff auf die simple Logik zu erfassen. Man muss dabei davon ausgehen, dass etwas Subtiles, wie ich es selbst bei meiner Großmutter wahrgenommen habe, diese Haltung inspiriert, die sich unserem grundlegenden Verständnis entzieht. Was ist das für ein Gefühl – oder für eine Intuition –, das den Tiefen einer uralten Weisheit entspringt und diesen Geist der Enthaltsamkeit aufkommen lässt, dessen Schönheit sich in der einfachen Feststellung artikuliert: »Es genügt«? Ein Geist, der in uns zugleich jene Dankbarkeit entstehen lässt, die, tief in unserem Wesen aufblühend, ihren Wert den Mitmenschen in aller Fülle mitteilt und unserer Anwesenheit auf der Welt eine einzigartige Leichtigkeit verleiht, die der ruhigen und glücklichen Genügsamkeit.

# IM JAHRE 1985

Wir schreiben das Jahr 1985. In einem Versammlungssaal in der Gegend um Lyon haben sich etwa hundert Personen versammelt, um über Agrarökologie zu debattieren. Ich war eingeladen worden, über meine Erfahrungen zu berichten, die ich mit dem ökologischen Landbau in den Ländern der Dritten Welt, in diesem Fall in Burkina Faso, gemacht habe. Ich führte aus, dass sich das Land über ein Territorium erstreckt, das etwa die Hälfte der Größe Frankreichs ausmacht, mit einer Bevölkerung von damals sechs bis sieben Millionen Seelen, von denen 96 Prozent Bauern waren, und das über einen Etat verfügte, der dem der Pariser Oper entsprach. Das mittlere Einkommen eines Bauern betrug etwa vierzig Euro pro Jahr. Es handelte sich um eines der sogenannten unterentwickelten Länder, die am unteren Ende jener Skala angesiedelt sind, die über das Bruttoinlandsprodukt (BIP) und das Bruttosozialprodukt (BSP) den Wohlstand der Nationen misst. Ein Freund aus Laos, der die Fünfzig schon überschritten hatte, stand mir zu Seite; ich bat ihn, uns doch über seine Jugend in seiner Dorfgemeinschaft zu berichten. Er ging an die Tafel, zeichnete ein einfaches Schema und begann:

»Unser Dorf bestand aus etwa zweihundert Personen. Sie hatten sich mitten im Wald an einem Flussufer angesiedelt; wir bauten Reis an, unser Grundnahrungsmittel. Jede Familie lebte in einem Haus, das nur aus den in unserem Gebiet verfügbaren Materialien errichtet worden war. Sie bebaute ihr Stück Land, dessen Größe an der Arbeitsleistung unserer Büffel ausgerichtet war. Die Ernte, die unsere Nahrungssicherheit gewährleistete, wurde in Getreidespeichern gelagert, die entlang der Dorfstraße aufgestellt waren. Als Ergänzung zu Getreide, Gemüse und Obst lieferte der Fluss den Familien Fisch. Gegenseitige Unterstützung, Solidarität und wechselseitige Hilfe waren selbstverständlich: Alljährlich wurde ein gemeinsamer Fischfang abgehalten, um einen Vorrat an Trockenfisch anzulegen. Die Gemeinschaft nahm sich der Witwen, der Waisen, der Alten und der Behinderten an. Traditionelle Heiler versorgten die Kranken und wachten über die Gesundheit des Dorfes. Was an Kleidung, Möbeln, Schuhen oder Werkzeugen gebraucht wurde, wurde von den Bewohnern selbst angefertigt. Ein Bonze wachte über die dörfliche Eintracht und schlichtete in Streitfällen. Generell herrschte, vom Buddhismus inspiriert, das Gefühl, alles sei heilig. Wenn ich in einem Boot mitten auf dem Fluss dringend urinieren musste, war es undenkbar, den Fluss für die Verschmutzung, die ich ihm zumuten würde, nicht um Verzeihung zu bitten. Den einzigen Schatten auf dieses Bild warf das beständige Roden von Land, um Anbaufläche zu gewinnen, eine Gewohnheit, die der Umwelt einigen Schaden zufügte.«

(Wir wollen hier der Genauigkeit halber einfügen, dass diese letztgenannten Praktiken von einem ökologischen Projekt beendet wurden.) Um seine Schilderungen abzuschließen, erzählte mein Freund:

»Eines Tages hielt sich ein Abgesandter der Weltbank bei uns auf, um unsere Lebensweise zu untersuchen; nachdem er alle Parameter in Augenschein genommen hatte, erstellte er seinen Bericht und kam zu dem Schluss, dass sich diese Gemeinschaft mit all ihren durchaus sympathischen Zügen nicht entwickeln würde, da sie zu viel Zeit auf unproduktive Tätigkeiten verwendete.«

Hier gilt es sich vor Augen zu führen, dass die Dorfgemeinschaft, obwohl sie auf großartige Weise ihre Grundbedürfnisse befriedigen konnte, keine finanziellen Reichtümer generierte. In der Sprache der Pseudo-Ökonomie lebt man eben nicht von den Früchten der Erde sondern von den Dollars: Am Dollar bemisst sich das Niveau des Wohlstands. Glücklicherweise lebt noch immer – doch wie lange noch – eine beträchtliche Zahl traditioneller Gemeinschaften von den wahren Reichtümern. Um sich mit Leib und Seele dem goldenen Kalb verschreiben zu können, haben sich die satten Völker offenbar von den wahren Reichtümern abgewendet; aber wie nur soll man diesen so augenfälligen Umstand verstehen? Wir sind mit diesen Betrachtungen mitten ins Herz jener Problematik gestoßen, die sämtliche traditionellen Gesellschaftsstrukturen erschüttert hat, denen von der »Zivilisation« vorgeworfen wird, die individuelle Freiheit zu negieren um der Verpflichtung willen, sich den Regeln der Gesellschaft anzupassen. Es ist eben das Geld, der absolute Meister, dem die Entscheidung darüber zufällt, was Reichtum, Armut oder Elend ist.

Man stelle sich vor, dass der Bericht des Weltbankexperten den politisch Verantwortlichen des Landes vorgelegt worden wäre, die sich durch ihre Studien an großen westlichen Universitäten am Busen der Moderne nährten und deren Regeln, Lehren und Glaubenssätze verinnerlichten. Sie werden mit Bestürzung wenn nicht gar Scham die archaische Lebensweise ihre Volkes wahrgenommen und sich der Aufgabe angenommen haben, sie auf das Niveau der »echten« Zivilisation zu hieven. Damit nimmt der Prozess der Modernisierung seinen Lauf, der, nachdem er in Europa sein Ziel erfüllt sieht, die globale Auslöschung der Traditionen verfolgt. So geht die Kolonisierung der Länder mit der Kolonisierung der Gemüter einher. Man sollte vielleicht in Erinnerung rufen, dass Europa, einst ein multikultureller Kontinent, der erste Schauplatz war, an dem die neue Zivilisation den Kampf um die Vorherrschaft über bereits bestehende Kulturen aufnahm. Die Reisenden, die Europa in den Jahrhunderten vor der industriellen Revolution befuhren, waren bezaubert von seiner kulturellen Vielfalt, sie staunten über seine verschiedenen Sprachen und Dialekte, Behausungen, Trachten und Gebräuche, über den Reichtum seiner Küche, Kunstwerke, Riten und Glaubensformen. Nicht immer standen diese unabhängigen Völker unter der Obhut übelgesinnter großer und kleiner Potentaten, die die tägliche Fron ihrer Untertanen, unterstützt von Priestern, die die Hinnahme eines von Gott gewollten Schicksals predigten, zum Vorteil ihres Standes ausgebeutet hätten. Aber man kommt nicht umhin festzustellen, dass, bevor Demokratie und Menschenrechte auf den Plan traten, das Leben der europäischen Völker mitunter recht miserabel war. Zu Revolutionen kam es ja gerade deshalb, um die Willkür und Ausbeutung, mit denen die Völker geschlagen waren, zu bekämpfen – doch oft genug wurden an ihrer Stelle neue Privilegien geschaffen, oder eine Regierung bediente sich schrecklicher Unterdrückungsmaßnahmen; die Geschichte kennt Beispiele zur Genüge.

# NICHTS GEHT VERLOREN, NICHTS WIRD GESCHAFFEN, ALLES VERWANDELT SICH

Was wir »Ökonomie« nennen, ist, ich habe es bereits erwähnt, das genaue Gegenteil von Ökonomie. Noch nie hat sich die Menschheit derart verschwenderisch gezeigt als unter dem Vorwand, über genügend Ressourcen und lebenswichtige Güter verfügen zu müssen. Noch nie hat das entropische Prinzip derart triumphiert. Die Natur als Ganzes erteilt uns eine großartige Lektion in Sachen einer Ökonomie, mit deren Hilfe sie ihr Fortbestehen gewährleistet. »Nichts geht verloren, nichts wird geschaffen, alles verwandelt sich.« Dieser berühmte Satz von Antoine Lavoisier (1743–1794) führt vor Augen, dass die Natur keinen Abfall kennt. Auf gewisse Weise verabscheut sie die Vergeudung, auch wenn sie uns zugleich durch den Überschuss an Pollen und Spermatozoen irritiert, von denen sie nur einen minimalen Anteil zur Befruchtung verwendet. Eine dieser Lektionen in Wirtschaftlichkeit wurde mir durch Bauern der Cevennen zuteil, bei denen ich mich aufhalten durfte, und die man, schlecht beraten, für geizig halten könnte. Doch sie verfügen lediglich über ein geschärftes Bewusstsein für den Wert der Dinge, zum einen, weil sie darum wissen, wie viel Mühe sie kosten, zum anderen, weil sie anscheinend ein Gefühl für ihren heiligen Charakter hegen. Am mächtig gezimmerten Familientisch sprachen sie Segnungen aus und weihten aus Dankbarkeit für die gewährte Speise den Laib Brot mit einem Kreuzzeichen, bevor sie ihn aufbrachen und verteilten. Handelt es sich hierbei um eine religiöse Praxis? Sicherlich, aber nicht ausschließlich. Es war für mich immer spürbar, dass diese Praxis einem Gefühl entspringt, das ursprünglich alle Menschen miteinander teilten.

## Bauern in den Cevennen

Als Landarbeiter in der Ardèche hatte ich auch Gelegenheit, ein kurzes Stück meines Lebens mit den Bauern der Cevennen zu teilen, an die ich mich mit großer Verbundenheit und starker Zuneigung erinnere. Wie hätte ich den alten Froment vergessen können, der trotz seiner 85 Jahre oder vielleicht gerade deshalb seinen Arbeitsrhythmus einhielt? Früh am Morgen, nach einem einfachen Frühstück, nahm er mich mit zu seiner Arbeit, wo ich ihm zur Hand ging, um die eingestürzten Stützmauern seiner Weinberge instand zu setzen. Schon etwas taub, sein Gedächtnis nicht mehr das zuverlässigste, wurde er mir zu einer Art geistigem Vater, ohne dass er je eine andere Ausbildung oder Lehre genossen hatte, als einer ruhigen Arbeit nachzugehen, bei der jede Geste in ihrer Präzision an ein uraltes Ritual erinnerte. Nie habe ich, nicht im Norden, nicht im Süden, einen echten Bauern bei seiner Arbeit hasten gesehen, und war er doch dazu gezwungen, so tat er es eher linkisch.

Während einer Ernte konnte ich einmal in den blauen Augen des alten Froment eine gewisse Verblüffung beobachten, als er sich bückte, um auf den Boden gefallenes Getreide aufzusammeln und damit die schlechte Laune seines Schwiegersohns, eines Landwirts, auf sich zog, der ihn zu größerer Eile antrieb, da das Aufsammeln von Getreidekörnern verlorene und unrentable Zeit sei. Das Tuckern und die Abgase des Traktors, der den Erntelader zog, ließ uns schnell gewahr werden, dass die bukolischen Zeiten vorüber waren. Die Feldarbeit war nunmehr dabei, der industriellen Raserei zu verfallen. Die Erde sollte keine Nahrung mehr produzieren, sondern Geld ausspucken.

Wie hätte ich Herrn und Frau Dubois und ihren kleinen Hof in den Cevennen vergessen können, der wie verloren hoch über einem kleinen Tal stand, dem das Rauschen des Wildbachs nicht die Ruhe störte, sondern Tiefe verlieh? Es ist Winter an diesem schroffen Ort, im Reich der Kastanie, wo, wie die Einheimischen sagen, die Hunde sich zum Bellen hinsetzen müssen. Hier ist die Zeit unendlich. Das Haus der Dubois scheint an die Felsen genagelt zu sein. Ich bin hier, um Herrn Dubois bei seiner Arbeit zu helfen; im Gegenzug bringt er mir das Korbflechten bei. Alles ist einfach: geheizt und gekocht wird mit dem offenen Feuer des Kamins, die Mahlzeiten sind traditionell, auf natürliche Weise ausgewogen, gesund, nahrhaft. Wenn es Nacht wird, tauchen die Nachbarn aus dem Dunkel auf, einen Holzscheit für das Feuer unterm Arm, um zusammenzusitzen, geröstete Kastanien zu essen, zu plaudern, Neuigkeiten auszutauschen und aus Roggenstroh nützliche Dinge für den Alltag anzufertigen. Spät in der Nacht, wenn die Freunde gegangen sind, geht ein jeder in sein eisiges Zimmer, wo er das Bett mit einer Wärmflasche anwärmt, und zwischen eine gut gestopfte Wollmatratze und ein dickes Federbett kriecht, dessen Opulenz und Leichtigkeit sich zu einem unvergleichlichen Komfort vereinen.

Das ist eine der schönsten Erfahrungen in Sachen glücklicher Genügsamkeit gewesen, und dies mitten in einer Nation, die mit ihren *Trente Glorieuses* den Konsum zu einer Lebenskunst überhöht hatte; eine Haltung, die sich 1968 in Unbehagen äußerte und infrage gestellt worden war. Ich erinnere mich auch an jene Handwerker, die ihrem Beruf in aller Beschaulichkeit nachgingen: zum einen die Brüder Ducrois aus dem Nachbardorf, die, als Küfer und Stellmacher in einer jahrhundertealten Tradition stehend, sich mit neuen Maschinen ausgerüstet hatten, aber um der Handwerkerehre willen Verfechter gut gemachter Arbeit blieben und zu Schreinern wurden, die dank ihrer außerordentlichen Fertigkeiten wahre Meisterwerke vollbringen konnten; aber auch die kleinen Mechanikerwerkstätten, in denen die Arbeiter familiären Zusammenhalt pflegten … Mit der Moderne haben sich die Großhandelsketten, die Schwerindustrie, die Zentralisierung, das Transportwesen und die technokratischen von ihrer Rationalität so sehr überzeugten Planungsarbeiten verbündet, um die Fundamente einer menschengerechten über die Jahrhunderte gewachsenen Ordnung, die so viele Talente und so wunderbaren Freiraum für Kreativität bot, zu unterminieren zugunsten eines monströsen Systems, das uns verwaltet und verdaut ohne anderen Zweck, als einer blinden, grausamen und dummen Plutokratie dienstbar zu sein. Für manche Köpfe, die sich auf den Fortschritt berufen, wird es leicht sein, diese Schilderungen als rückwärtsgewandt abzutun. Die Sackgasse, in die die Welt zunehmend gerät, macht es indessen notwendig, bestimmte Praktiken der Vergangenheit zu rehabilitieren. Aus diesem Grunde auch ist Eile angebracht, um all dies, was auf unserem Planeten noch ein menschliches Maß besitzt, zu bewahren, bevor das »petrolithische« Zeitalter zu Ende geht.

## Eine überlieferte Weisheit

Versuche ich, das Problem der Genügsamkeit in seiner ganzen Tragweite zu ermessen, rührt sich in mir ein Gefühl, wie es wohl jene anfänglichen Menschenwesen verspürt haben müssen, die davon ausgingen, dass ihnen nichts gehört. Was ist über diese Menschen zu sagen, die trotz allen Überflusses maßvoll blieben? Das Volk der Sioux, dem ich aus unerfindlichen Gründen besonders zugetan bin, hat auf seinen großen Büffeljagden nur so viele der überaus zahlreichen, ja im Überfluss vorkommenden Tiere erlegt, wie es zum Leben benötigte. Mit keinem der geopferten Tiere wurde Schindluder getrieben, die geheiligte Moral verbot jede Vergeudung genauso wie die Schmähung der Natur oder der sie belebenden Prinzipien. Der Freigiebigkeit der Erde Dankbarkeit zu bezeugen, verstand sich von selbst. Diese Genügsamkeit im Überfluss ist eine Lektion an Vornehmheit. Denken wir nur an die großartige, an den Präsidenten der Vereinigten Staaten gerichtete Rede, in der der Indianerhäuptling Seattle vorschlug, das Land von seinem Volk zu erwerben. Die Botschaft lautete wie folgt:

»Ich bin ein Wilder, und ich kenne keine andere Art zu leben. Ich habe in der Prärie Tausende Büffel verrotten sehen, zurückgelassen vom Weißen Mann, der sie von einem vorbeifahrenden Zug aus erschossen hat.«

Fast alle Urvölker haben nur zu ihrem eigenen Überleben getötet; es zur reinen Unterhaltung zu tun, war undenkbar, denn es hätte eine Entweihung im strengen Wortsinne bedeutet. Es hätte die Kräfte des Lebens beleidigt und den Geist, der in ihm waltet. Das Menschengeschlecht hat sehr wohl Wesen hervorgebracht, die, geleitet von Dankesritualen und Opferzeremonien, ihre Existenz auf Grundlage der Mäßigung führten. Diese Enthaltsamkeit hat ihnen, da sie eine spirituelle Verbindung zu den Mysterien des Lebens schuf, Kraft, Legitimität und Leichtigkeit verliehen. Sicherlich gibt es Ausnahmen dieser Regel, aber sie sind selten.

Die Liste der Verhaltensweisen, die von Mäßigung zeugen, ist hingegen lang, sie zeugt von Respekt und Dankbarkeit, die den Geist unserer Vorfahren beseelten, bevor die schrankenlose Gier auf die großartigen Gaben des Lebens aufkam. Ich kann mir das Gefühl der Freiheit, das diese Menschen empfanden, sehr gut vorstellen … Es entsprach vielleicht dem von Mohand, einem kleinen Hirten und Freund meiner Kindheit, dem die ganze Stadt Schafe und Ziegen anvertraute, die am frühen Morgen zu einer Herde zusammengetrieben wurden. Er ging seiner Pfade, die bloßen Füße in groben Ledersandalen, seinen Stock quer über den Schultern, stets mit einem Lied auf den Lippen, das durchsetzt war mit Anweisungen für seine blökenden Tiere, die auf den Dünen und felsigen Hängen herumkletterten. Mit schmerzendem Neid beobachtete ich die Prozession, die sich noch für einen Moment vom blauen Himmel abhob, bevor sie hinter dem Bergrücken verschwand und mich mit meinem Kummer allein ließ. Denn ich musste darauf achten, dass ich in die Schule kam, wo ich lesen, schreiben und zählen lernen und ein Gelehrter werden sollte, wie man mir immer wieder einbläute. Bei Sonnenuntergang zeichnete sich die Herde erneut vor einem von der Dämmerung geröteten Himmel ab und trottete, umfangen von der gewaltigen Stille, die auf die Abgeklärtheit der Nacht einstimmte, wie ein kleiner Sturzbach über die sandigen Hänge des Bergzugs hinab. Die Tiere gingen auseinander und liefen in ihre Ställe, und Mohand, der sein Tagwerk verrichtet hatte, verschwand in den Gassen, während ich mich meinen Schulaufgaben widmen musste. Ich weiß nicht, was aus diesem Freund geworden ist, der wortkarg, sehnigen Körpers und mit stechendem, den Raum absuchenden Blick das wilde Wesen der Hirten ausstrahlte … Unsere Wege haben sich getrennt. Ich weiß nicht, wen von uns beiden, eingespannt zwischen althergebrachten Traditionen und Moderne, das Leben begünstigt hat, doch ein beharrliches und schmerzliches Heimweh hat mich über lange Zeit meines Lebens begleitet. Oft habe ich bedauert, kein Hirte zu sein und frei in der Wüste umherzuschweifen – aber wie soll man, was das Leben von uns erwartet, durchschauen? *Maktub*, es steht geschrieben.

Ich beneide heute meine Vorfahren, Nomaden, die mit ihren Herden und Kamelen durch die Wüste zogen. Es waren Menschen von überall und nirgends, die man nicht zu fassen bekam, und die geschmeidigen Fußes den steinigen Boden oder die sandigen Dünen durchmaßen. Über dem weiten Horizont dieses endlosen waagrecht sich hinziehenden Abgrunds, den die Wüste darstellt, tauchten sie auf und verschwanden wieder. Die Kargheit, die ihnen dieses Leben aufzwang, machte sie zu freien Wesen. Der Transport überflüssiger Dinge würde ihnen ein Gewicht aufbürden, das mit der ständigen Wanderschaft in den unendlichen Weiten unvereinbar ist.

Ich erinnere mich auch an das Bild meiner Großmutter, die, ich weiß nicht mit welchen Zaubermitteln, die Pflanzen der Wüste zusammen mit einer Handvoll Getreide und ein bisschen Milch, das ihr zwei dünne Ziegen schenkten, in ein Festessen verwandelte. Ihre Bleibe war, wie es die Hirtenkultur verlangte, nur ein rasch unter freiem Himmel aufgespanntes Tuch. Alles hatte einfach zu sein.

Die Freiheit ist jedoch nicht ohne Zwänge, denn sie kann immer den Tod kosten. Der Verzicht auf Überflüssiges macht auch deutlich, was notwendig und absolut unentbehrlich ist. So wird es zum Unglück des

Nomaden, wenn er neben seinen kostbaren in Ledertaschen verstauten Vorräten Eimer und Stricke vergisst, um Wasser zu schöpfen, vor allem dann ein lebenswichtiges Gut, wenn er sich in den glutheißen Landstrichen aufhält, in denen der Durst regiert. Etwas zum Feuer machen wird ebenso benötigt wie Arzneien, besonders Mittel gegen Reptiliengifte. Selbstverständlich muss man sich fortbewegen können, ohne die Orientierung zu verlieren, geleitet von Sternbildern und den untrüglichen Anhaltspunkten, die von Generation zu Generation übermittelt und ins Gedächtnis eingegraben werden. Diese allen Nomadenvölkern des Planeten gemeinsame Kultur preist die Macht der Einfachheit, und ich verspüre durchaus Stolz angesichts dieser Kunst meiner Vorfahren, in der sich Kraft, Geduld, Ausdauer und Leichtigkeit vereinen.

Wie bei allen traditionellen Völkern ist die Gastfreundschaft in dieser kargen Welt eine spirituelle und moralische Norm. Viele Besucher, die aus den sogenannten armen Ländern zurückkehren, berichten von der Gastfreundschaft, die ihnen von den Einheimischen gewährt wurde. Selbst ärmliche Lebensverhältnisse scheinen in den Augen dieser Menschen kein Grund zu sein, von einer offenherzigen Großzügigkeit gegenüber Fremden abzusehen. Sie leben nach dem Prinzip, dass der Überfluss, der einer Person oder einer Familie zuteil wird, dazu da ist, geteilt zu werden. »Gott gibt, damit wir geben.«

Es geht bei all diesen Schilderungen keineswegs darum, eine längst vergangene idealisierte Welt zu verklären; beklagenswert ist jedoch, dass sie nicht als Bereicherung der positiven Werte der Moderne herangezogen, sondern einfach abgeschafft wurde. Ich bin mir bewusst, dass man sich hüten muss, die Vergangenheit auf ein Podest zu stellen oder dem Mythos vom Guten Wilden zu verfallen. Überall, wo der Mensch wirkt, gibt es Marter und Pein: Gewalt, Eifersucht usw. Auch die Traditionen kennen Praktiken und Verhaltensweisen, die uns verletzen können. Dennoch wäre es ungerecht, dem, was im Kern dieser Traditionen den Menschen würdigt, und den Werten, die die Welt zunehmend braucht, nicht die nötige Resonanz zu verschaffen.

Mit ihrer Praxis des Maßhaltens waren die traditionellen Kulturen die Erben einer Weltsicht, in der die Menschen erklärten, dem Leben anzugehören, anstatt seinen Besitz zu beanspruchen. Die Zivilisationen, die in der Folge der neolithischen Revolution auf das Prinzip der Vorratshaltung aufbauten, haben sich fast durchweg von der Mäßigung abgewendet. Um ein Zentrum errichten zu können, eine Machtbasis, wurde eine extensive Landwirtschaft eingeführt, und schon haben wir das »Immer-Mehr«: mehr Boden für Ackerbau und Viehzucht, mehr Holz für Gebäude, Schiffsbau, Metallverarbeitung, Töpferhandwerk, Holzkohle, Kalk und Kriege. Verglichen mit dem Verbrauch traditioneller Völker ist der der neuen »Zivilisierten« stets höher gewesen. Von einer Nutzung, die die zur Bestreitung des Lebens unentbehrlichen Bedürfnisse deckte, hat man sich abgewendet und sich dem unbezwingbaren Drang überantwortet, die Dinge zu besitzen. Muss man daran erinnern, dass manche Zivilisationen, deren in Stein gehauene Andenken zu entziffern die Archäologen entzückt, unter dem Sand jener Wüsten begraben sind, die sie selbst heraufbeschworen haben? Man kann sagen, dass mit diesem Verhalten auf gewisse Weise das Prinzip des Wirtschaftswachstums entstanden ist. Von einem Prinzip, dem Verschwendung unbekannt war und das den Bestand der Ressourcen sicherstellte, sind wir zu einem Prinzip übergegangen, bei dem die genannten Ressourcen und Vorräte von den Gierigsten zum Schaden ihrer Mitmenschen ausgeplündert werden; dies hat zu dem Prinzip der Ungleichheit und der Ungerechtigkeit geführt, über das wir uns heute beklagen. Die Regeln der Zurückhaltung sind denen der Gier gewichen. Auf die Erde als Ort des Lebens folgt eine Erde, die als Lagerstätte mineralischer, tierischer und pflanzlicher Rohstoffe betrachtet wird, die rückhaltlos auszuplündern sind, während die natürliche Umwelt, das heißt das den gesamten Planeten umfassende Ökosystem, eher zur Regelung unserer Bedürfnisse, zu einer wahrhaftigen, im Dienste des Menschen stehenden Ökonomie auffordert, die dem Leben Achtung zollt. Was man heute »Ökonomie« nennt, ist zu der hohen Kunst verkommen, aus der Ausbeutung eine Wissenschaft zu machen, die kompliziert genug ist, um den dem Überfluss eingeräumten Platz zu rechtfertigen, wohingegen die traditionelle Lebensweise die Kunst des Zusammenlebens offenbar mit den Mitteln der Einfachheit zu optimieren versucht. Selbst inmitten einer unwirtlichen Natur, in Wüsten, Klüften oder im Eis, beweist der Mensch seine Fähigkeit, die ihm zur Verfügung stehenden Ressourcen, so knapp sie auch sein mögen, zu erschließen. Es gibt dort so etwas wie ein Gleichgewicht in der Beziehung zur lebendigen Realität, das viele Völker der Erde einzuhalten wussten. Ich wiederhole es nochmals: Es geht nicht darum, diese Kulturen auf ein Podest zu stellen und andererseits im Dunkeln zu lassen, was weniger Bewunderung verdient, auch dann, wenn die von einem moralischen für das Zusammenleben unabdingbaren Kodex diktierten Grundsätze negative Energien einzudämmen vermochten oder wenn charismatische Autoritäten sich für den Zusammenhalt der Gruppe einsetzten. Wenn wir es nur wollen, sind wir überall und jederzeit in der Lage, mit Ruhe und Leichtigkeit eine Kunst des Lebens zu etablieren. Doch ist das wider eine vom Überfluss belastete Welt wirklich durchzusetzen? Die unsichere Zukunft wird uns lehren, die für den Fortgang unserer Geschichte notwendigen Verbesserungen zu erfinden.

# DAS BAND ZUR HEILIGKEIT DES LEBENS

Auch wenn ich keiner Religion mehr angehöre – immerhin hat sie einmal mein Interesse für Transzendenz geweckt –, ist mir durchaus klar, dass die glückliche Genügsamkeit in den Bereich des Mystischen und Spirituellen fällt. Sie leitet zur inneren Strenge an und wird zu einem Raum der Freiheit, der uns von Bürde und Leid des Lebens entledigt.

Gibt es ein Leben nach dem Tod? Auf diese seit den Anfängen unserer denkenden Spezies häufig gestellte Frage gibt es keine endgültige Antwort; lediglich der Glaube kann denen, die von ihm ergriffen sind, Gewissheit bieten. Wir verfügen nur über Hypothesen, und die Kontroversen, die sich an dieser unbeantwortbaren Frage entzünden, könnten endlos fortgesetzt werden. Jeder trägt sich mit einer anderen Antwort, prägt seine eigenen Gewissheiten oder pflegt den Zweifel, die Skepsis, den Atheismus. Manche Religionen waren von Anfang an weise genug und verkündeten, dass Gott selbst unsagbar sei: Er ist der, über den man nichts sagen kann. Unter dem Gewicht der widersprüchlichen oder sogar konfliktgeladenen Meinungen über das Prinzip der Unsagbarkeit bersten die Regale der Bibliotheken. Nur das in der unermesslichen Rätselhaftigkeit des Lebens verankerte Schweigen ist angesichts dieses Themas realistisch. Trotz unserer Hirngespinste, trotz der Schönheit, die uns die Erde bietet, und der schöpferischen Intelligenz haben weder die Religionen, noch die Kunst, die Wissenschaft, die Politik oder die Philosophie die Welt und unsere Herzen, unser Gewissen beschwichtigen können. Ohne sie wäre die Welt gewiss um einiges barbarischer geworden, aber ich kann mich des Gedankens nicht erwehren, dass sie auch Faktoren für Streit und Gewalt darstellten.

Bedauerlich ist, dass die Zeit, die mit der Erörterung der Frage, ob es ein Leben nach dem Tode gibt, aufgebracht wurde, nicht dazu verwendet worden ist, sich über das Leben selbst Klarheit zu verschaffen, seinen ungeheuren Wert zu begreifen, um aus ihm ein von einem lebendigen und aktiven Humanismus inspiriertes Meisterwerk zu machen, für das die Mäßigung eine zentrale Lebenskunst darstellt. Des Leidens und des Unsinns überdrüssig, müsste man sich doch im Interesse seines eigenen Lebens fragen, ob es nicht eher ein Leben vor dem Tode als eines nach dem Tode gibt, und was dieser für das Mysterium des Lebens bedeutet. Bemisst sich ein erfülltes Leben am ökonomischen, politischen oder an sonstigen Erfolgen? Alles ist flüchtig in dem bewegten Fluss, den wir Geschichte nennen. Selbst die »großen Männer« gehen darin unter und hinterlassen in unserer Erinnerung nur einen vor der Unermesslichkeit des Schweigens verschwimmenden Abdruck. Alle wissenschaftlichen Disziplinen zusammengenommen können uns nicht darüber aufklären, denn sie lassen uns nur Bruchstücke eines

Phänomens begreifen, das sich jedem umfassenden Verständnis entzieht. Sie besitzen allerdings das Verdienst, bescheidenen Seelen vor Augen zu führen, dass ein von Natur aus begrenztes Denken uns wohl kaum Zugang zu einer von Natur aus grenzenlosen Realität gewähren kann. Sobald aber das Denken sich seiner Grenzen bewusst wird, führt es uns in aller Stille bis an die Grenzen des Unbekannten. Es wird dann ruhig, entdeckt die Genügsamkeit und führt uns zu einer Betrachtungsweise, die von allem gegenstandslosen Fragen, von aller Aufmerksamkeit, allem Ehrgeiz frei ist, und die unserem tiefsten Wesen etwas eröffnet, das keiner Sprache mehr zugänglich ist. Das Schweigen, auf das wir stoßen, wenn wir das Wesentliche des Wesentlichen zu erfassen suchen, mag der Grund für unsere größten Qualen sein und das Leben verschließen, wo uns doch das Universum zur absoluten Freiheit einlädt. Mit unseren Kenntnissen können wir uns erklären, wie ein kleines Samenkorn keimt und das Leben fortführt, wir waren aber nie imstande, uns über das Warum des Lebens Klarheit zu verschaffen.

Die Wahrheit lässt sich nicht einfach irgendwo aufstöbern. Keine Philosophie, kein Dogma, keine Lehre, keine Ideologie wird sie entdecken oder ihrer habhaft werden. Sie zeigt sich nur, wenn wir aufhören zu spekulieren und uns zu martern. Nur in der Unbeweglichkeit und im Schweigen wird sie uns aufsuchen. Und in diesem Zustand gibt es keinen Platz für irgendeine Auffassung, irgendeine Meinung über das, worüber es nichts zu sagen gibt. Die Wahrheit scheint allem, was existiert, vorauszugehen. Aller Wahrscheinlichkeit nach – oder zumindest nach meinem Dafürhalten – ist sie das, was wir in einer intuitiven Annäherung und unter fortwährendem Vorbehalt als die Macht des Göttlichen bezeichnen, eine Macht, die unsere fernen Vorfahren in allen Manifestationen des Lebens erahnten.

# AUF DEM WEG ZU EINER GLÜCKLICHEN GENÜGSAMKEIT

# ARMUT ALS WERT DES WOHLERGEHENS

Die Überschrift dieses Kapitels ist einem autobiografischen Buch entnommen, das ich 1984 auf Betreiben meines Freundes, eines kleinen Verlegers von der Ardèche, veröffentlichte. Ich hatte ihm den Titel *Von der Sahara in die Cevennen* gegeben und, um einer Verwechselung mit einer Art Paris-Dakar in umgekehrter Richtung vorzubeugen, habe ich als Untertitel hinzugefügt: *Oder die Rückeroberung des Träumens.* Das meinte, angesichts der Zeit-ist-Geld-Ideologie, die Freiheit zurückzuerobern und im Träumen eine Zeitlichkeit wiederzufinden, die ohne Gegenstand auskommt. Im Gegensatz zum Traum *(rêve)*, den unseren Wünschen entspringende Bilder bevölkern, ist das Träumen *(songe)* ein Zustand völliger Bewegungslosigkeit, eine Meditation, die der Seele über die Maßen guttut.

Die Vorstellung, arm zu sein, verunsicherte uns, doch für die Art, wie wir unser Leben führen wollten, stellte Armut eine echte Option dar und eben keine weitere moralische Verkündigung. Meine Überzeugung, wonach die Zukunft einer Zivilisation der Genügsamkeit gehört, festigte sich mehr und mehr, und in der Bulimie des Konsums, die die Welt heimsucht, wurde sie zu einer vitalen Notwendigkeit.

Ich würde meine Äußerungen gerne mit einem Lebenszeugnis untermauern, das auch für das geistige Befinden steht, das uns bereits 1961 dazu animierte, das urbane Leben aufzugeben und im Herzen der Natur von dem zu leben, was wir mit unserer Hände Arbeit der Mutter Erde abringen konnten. *Von der Sahara in die Cevennen* zeichnet den Lebensweg eines in eine traditionelle muslimische Familie geborenen Jungen aus der Sahara nach. Viele seiner Leser sahen das Buch als Vorwegnahme jener Entwicklungen, die die heutige Gesellschaft bestimmen. Um die vorliegende Darstellung so klar wie möglich zu halten, möchte ich auf einige meiner damaligen Erfahrungen zurückgreifen. Es handelt sich um eine schlichte Darlegung von Begebenheiten, die relevant für unser Thema der glücklichen Genügsamkeit sind und ich bitte, darin keine Eitelkeit zu sehen.

Als ich mit vier Jahren meine Mutter verlor, wurde ich von meinem Vater, dem Schmied, einem kinderlosen französischen Ehepaar zur Erziehung anvertraut. Das Kind, das ich war, hatte große Schwierigkeiten, seine Zugehörigkeit zu zwei in ihren Werten oft widersprüchlichen Kulturen zu akzeptieren. Hin und hergerissen zwischen Tradition und Moderne, Norden und Süden, wuchs ich fern meiner traditionellen Familie auf, da meine adoptierte Familie in den Norden Algeriens umgezogen war.

Nach einer eher mittelmäßigen Schulausbildung bin ich ein verbissener Autodidakt geworden. Ich wollte die

Dinge verstehen, Antworten auf meine Fragen finden. Ich las die großen Philosophen, die Humanisten, die Mystiker und interessierte mich für die Geschichte. Mit sechzehn Jahren konvertierte ich zum Katholizismus. In jener Zeit der Umwälzungen begann ich mich zu fragen, was denn die Zivilisation tatsächlich ausmachte, die mir beigebracht hat, dass meine Vorfahren Gallier seien … Zudem litt ich als Heranwachsender an der im algerischen Befreiungskrieg gegenwärtigen Gewalt. Ende der fünfziger Jahre habe ich schließlich Algerien verlassen und bin nach Frankreich gegangen, wo ich in größter Einsamkeit lebte. Bei einer Firma im Pariser Umland fand ich Arbeit als ungelernte Kraft und musste ziemlich bald feststellen, dass ich einem Gesellschaftsmodell, das den Menschen von sich entfremdete, nichts abgewinnen konnte. Ich lernte Michèle kennen, wir haben uns dazu entschlossen, eine Familie zu gründen, wollten dies jedoch nicht in einer Welt tun, die keine Verbindung mehr zur Erde hatte. 1961 haben wir uns in den Cevennen, in der Nähe der Ardèche, niedergelassen.

Da wir so gut wie keine Mittel besaßen, um eine Liegenschaft zur Verwirklichung unseres Traums zu erwerben, hatten wir, Freundesrat folgend, nur die Möglichkeit, ein Darlehen bei dem Crédit agricole aufzunehmen, damals eine Genossenschaftsbank, die noch genossenschaftlich funktionierte. Bei einer Beratung in der Filiale in Les Vans stellte sich heraus, dass der Erhalt eines Kredits seitens des Kreditnehmers an den Nachweis landwirtschaftlicher Kompetenzen gebunden war. Nichts logischer als das; aber ich musste einräumen, dass ich die erforderliche Qualifikation nicht besaß. Um die nötigen Fähigkeiten zu erwerben, absolvierte ich bei einem bäuerlichen Familienbetrieb in der Ardèche eine landwirtschaftliche Grundausbildung. Da der Lehrgang kostenpflichtig und unser Einkommen äußerst beschränkt war, musste ich die Ausbildung »auf einen Schlag« absolvieren und ein Programm, das sonst drei Jahre dauert, in einem Jahr bewältigen. Ich erhielt mein kleines BAA (Bescheinigung landwirtschaftlicher Fähigkeiten), das ich mit zwei Jahren praktischer Tätigkeit als Landarbeiter ergänzte.

Nachdem ich auf der Suche nach einem verfügbaren Hof fast die ganze Region mit meinem Moped abgefahren hatte, fand ich schließlich einen Ort, der sowohl mich als auch Michèle bezauberte, und wir beschlossen, uns dort niederzulassen. Mit dem Katasterplan in der Hand und voller Hoffnung ging ich in die Filiale des Crédit agricole, um einen Kredit zu beantragen. Doch die Beschreibung des Anwesens irritierte den Leiter der Geschäftsstelle. Die vier Hektar trockener und steiniger Garrigue (Strauchheide) bestanden aus lauter kleinen Parzellen, aus denen man in beharrlicher Arbeit und über mehrere Generationen die Steine herausgeklaubt hatte. Das Bauernhaus aus Feldsteinen stand zwar noch in der Mitte dieses kargen Geländes, doch es erforderte eine Menge Arbeit. Nur etwa dreißig Kubikmeter Regenwasser waren in den Speichern aufzufangen, die Generationen zuvor in natürlichen unterirdischen Hohlräumen angelegt worden waren.

Der Filialleiter hielt unsere Wahl für derart unvernünftig, dass er sich zu der Äußerung hinreißen ließ, er wolle uns nicht dabei assistieren, uns selbst umzubringen, indem er uns einen Kredit gewähre. Damals fand eine massive Landflucht statt und die Zahl der Höfe, die aufgegeben wurden, wuchs ständig, wie die Liste bewies, die mir der Direktor unter die Augen hielt: Sein Finger glitt auf dem Papier von oben nach unten und stoppte bei einem Hof von vierzig Hektar, der im Eyrieux-Tal lag, eine fruchtbare Ebene und ein Garten Eden des Obstanbaus, insbesondere des berühmten Ardèche-Pfirsichs. »Lieber gestehe ich Ihnen einen Kredit in Höhe von 400.000 Francs zum Kauf dieses Hofes zu, mit dem Sie Geld machen können«, sagte mein Gegenüber, »als die 15.000 für einen Ort, wo Sie und Ihre Familie aller Voraussicht nach dem Untergang geweiht sind.« Als sei ich beschwipst, entfuhr mir ein unüberlegter Satz, den ich schnell bereute: »Monsieur«, sagte ich, »es ist nicht das Geld, das mich interessiert.« Dergleichen darf man in einer Bank natürlich niemals äußern. Der Filialleiter sagte kein Wort, aber seine lustlose Miene und die Art, wie er die Liste wieder verstaute, zeigten seine Verärgerung deutlich, die, wie ich im Nachhinein finde, durchaus gerechtfertigt war. Mein Ersuchen konnte nicht abgewiesen werden, der Antrag wurde gestellt und würde einer bankinternen Gutachterkommission vorgelegt werden. Meine weitere Unterhaltung mit dem Direktor beschränkte sich auf ein knappes *Salut* und ich verließ das Gebäude in einem Zustand an Schwindel grenzender Verwirrung. Ich hatte das Gefühl, einen fatalen

Fehler begangen zu haben, indem ich einer ernsten aber auch dummen Eingebung folgte, einen Fehler, den ich mit Tagen und Nächten der Unruhe und Schlaflosigkeit bezahlte. Ich war überzeugt, dass mir der Kredit nicht gewährt werden würde.

Wie hätte ich einer Person, deren Wohlwollen uns gegenüber und gemessen an den Umständen keinerlei Zweifel aufkommen ließ, erklären können, dass unser Vorhaben, auch wenn wir zu seiner Verwirklichung nicht darum herumkamen, Geld zu verdienen, auch andere Ziele verfolgte als den Gelderwerb? Wie war diesem ehrenwerten Mann, der der Ideologie der landwirtschaftlichen Produktivität vollkommen erlegen war, verständlich zu machen, dass die Schönheit des Ortes, die Stille, mit der er umgeben war, das Licht, die herrliche Landschaft für uns von so unschätzbarem Wert waren, dass wir bei unserer Wahl blieben, obwohl sie aus landwirtschaftlicher Sicht eher unvorteilhaft war? Wir wollten einfach von den Gütern leben, die wir der Erde abgewinnen würden, aber auch von der immateriellen Nahrung, die uns die Natur im Überfluss bot, zu unserer inneren Befriedigung als einzigem Erlös. Am Ende haben wir mit Unterstützung eines Senators, der unser Anliegen nachvollziehen konnte, ein mit zwei Prozent verzinztes und auf zwanzig Jahre angelegtes Darlehen erhalten, eigentlich ein Geschenk. Damit haben wir das bereits beschriebene Landstück erworben, auf dem wir seit fünfundvierzig Jahren leben.

In der Zeit der Hektik und des Überflusses der *Trente Glorieuses* haben wir mit diesem außergewöhnlichen

Vorgehen bewusst und entschieden die »glückliche Genügsamkeit« als Lebenskunst gewählt. Dass wir die Einfachheit wählten, hat paradoxerweise zu Einschränkungen und Schwierigkeiten aller Art geführt, mitunter bis an die Grenzen des Erträglichen. In einer Welt, die sich dem grenzenlosen Profit verschrieben hat, hat sogar die Einfachheit ihren Preis. Aber dieses Streben schenkte uns das Bewusstsein, auf einem richtigen und befreienden Weg zu sein, in enger Verbindung zur Natur, deren Schönheit und geheimnisvolle Kraft dieses merkwürdige Gefühl auslöste, mit dem Urprinzip und der unermesslichen Energie, die von ihm ausgeht, verbunden zu sein. Von ihm waren wir durchströmt und so, kraft unserer Überzeugung, konnten wir den Mut aufbringen, aus einem kahlen und kargen Ort eine bescheidene Oase, ein kleines Königreich der Geduld zu machen.

Sieben Jahre lang haben wir auf eine Wasserleitung aus dem öffentlichen Leitungsnetz gewartet, in dieser Zeit mussten wir mit dem spärlichen Wasser aus unseren Speichern auskommen. Es gab auch keinen elektrischen Strom, dreizehn Jahre lang wurden wir nicht an das Netz angeschlossen: Kerzen, Petroleum- und Gaslampen mussten genügen. Wenn es regnete, war der Weg für unseren alten und wackeren Renault Juva[4] nicht passierbar; bis zu seinem wohlverdienten Ende habe ich den Wagen ständig lebensverlängernden Maßnahmen unterzogen. Kurz, die modernen Bequemlichkeiten hatten in dieser Enklave einer längst vergangenen Zeit, die eine sonderbare Nostalgie in mir weckt, noch keinen Einzug gehalten.

Die Methoden, mit denen wir das kleine Gut führten, beruhten auf ökologischen Prinzipien, Verunreinigungen durch Chemikalien jeglicher Art ließen wir nicht zu. Das war die Totalabsage an die industrielle Landwirtschaft, die nicht produzieren kann, ohne zu zerstören, und die in unseren Augen einen beträchtlichen Übergriff auf den Boden, die Natur und den Menschen bedeutet. Die Pestizide belasten das lebendige System bis in seine feinsten Verästelungen hinein, und beeinträchtigen über eine unnatürliche Ernährung auch den Menschen. So haben wir die Ökologie für uns entdeckt, uns den wenigen Pionieren eines biologischen und bedingungslos ökologischen Landbaus angeschlossen. Die auf unserem Hof verwendeten Anbaumethoden sind auch andernorts erprobt worden, insbesondere in der Sahelzone, die von den Dürreperioden der sechziger Jahre in Mitleidenschaft gezogen worden war. Der »Landwirt ohne Grenzen« ist zu einem kleinen Medizinmann geworden, ein Anwalt der Erde, die zu respektierten dem Menschen aufs Schönste zu leben und sich zu erfreuen gewährt, ohne dass er sich in ein zerstörerisches Raubtier verwandeln muss. Der Weg ist ein Weg des Engagements und der Initiation im Zentrum des großen Mysteriums geworden …

Das von mir hochgehaltene Prinzip der Genügsamkeit ist also kein Prinzip, das sich aus den Umständen ergeben hätte; es resultiert aus einer Überzeugung, die aufs Engste mit einer Lebensentscheidung verbunden ist. Die Erde und die Nutztiere, die uns ermöglichten an diesen großartigen Orten zu leben, waren für uns nie bloßes Mittel zum Gelderwerb, dem wir wie jeder andere nachgehen müssen. Über das einfache Auskommen hinaus, das wir durch unserer Hände Arbeit zur Deckung unserer materiellen Bedürfnisse geschaffen haben, achten wir sie auch als Opfergaben, die das Leben darbringt. Auf unserem Weg waren wir keineswegs frei von materiellen Sorgen, inneren Konflikten, Streit und Meinungsverschiedenheit; aber diese Schwierigkeiten haben sich als notwendig erwiesen, um sich selbst und die anderen besser verstehen zu können. Ein solches Leben ist offensichtlich ein initiatorischer, aufsteigender Weg. In dem Maße, wie wir ihn erklimmen, sozusagen über die Hänge eines Gebirges der Unsicherheiten, der Unkenntnis und des Zweifels, erweitert sich die Landschaft, sie wird besser verständlich und das Bewusstsein scheint sich zu heben, sich zu klären.

Auf solch abwegiger Bahn einen Ort geregelten Lebens aufzubauen, die ökonomischen Erfordernisse mit den ökologischen Imperativen in Einklang zu bringen, verlangt einiges an Rigorosität. In einer Gesellschaft, deren Prinzipien fest und deren Normen unwiderruflich zu sein scheinen, lässt eine alternative Lebensweise Fragen aufkommen, auf die wir nicht immer vorbereitet sind. Unter »Rigorosität« verstehe ich die Ernsthaftigkeit – ohne dabei in lähmende Starre zu verfallen –, mit der man eine Alternative aufbaut, mit den verfügbaren Mitteln und solchen, die man erfinden muss, vor allem wenn es an Geld mangelt. Revolutionären Bemühungen von Protestbewegungen wie der von 1968 ist oft jede Wirkung abgesprochen worden oder man bescheinigte ihnen, Lässigkeit und Freiheit verwechselt zu haben, wobei letztere schon mit der Ablehnung jeden Zwangs gleichgesetzt war. Eine rationale und objektive Sicht der Dinge ist in der Tat unerlässlich, um den materiellen Bedürfnissen zu genügen. Wir haben unseren Hof durchaus wie einen kleinen Betrieb geführt und die Regeln eingehalten, die eine solche Verwaltung mit sich bringt. Im Gegensatz zu einem normalen Betrieb aber, für den die Vergrößerung ein Synonym für Erfolg darstellt, haben wir von Anfang an auf Selbstbegrenzung gesetzt. Das war unser eigentlicher Erfolg, denn Genügsamkeit ist eine Kraft. Der Wert, der einem Grundprodukt hinzugefügt wurde, wurde über Handelsverbindungen erzielt, die auch den sozialen Faktor betrafen: freundschaftliche Treffen auf dem Markt, auf dem Hof. Wir haben es um jeden Preis vermieden, uns zu isolieren, uns von der umgebenden Gemeinschaft abzusondern. Für uns hieß anders zu leben nicht, eine Enklave inmitten einer Gemeinschaft zu errichten. Mäßigung als Lebensprinzip und Mäßigung als innere Erfahrung stellten Vorder- und Rückseite ein und derselben Suche nach Sinn und Zusammenhang dar.

# FREIWILLIGE SELBSTBEGRENZUNG

Nach einem kargen, manchmal an Armut grenzenden Leben, das ich mit meiner Familie von 1961 an etwa fünfzehn Jahre lang, in der Pionierphase unseres Cevennen-Abenteuers, geführt habe und nun, da ich über einen angemessenen, hart erarbeiteten Wohlstand verfüge, sehe ich mich dennoch genötigt, die Frage zu stellen, was genau die so angepriesene Genügsamkeit bedeutet. Befinde ich mich noch mit jener anfänglichen Wahl in Einklang, deren Relevanz und Notwendigkeit von der gegenwärtigen krisenhaften Verfassung der Gesellschaft bestärkt wird, obwohl ich, nachdem ich mich lange ihrer enthalten habe, über die meisten Errungenschaften der Moderne mit ihrer kostspieligen Lebensweise verfüge und sie genieße?

Ich besitze weder Jacht noch Privatjet und habe weder Verlangen danach, noch bin ich frustriert, aber fraglos hat uns unser relativer Wohlstand ermöglicht, zusätzlich zu dem Privileg, inmitten einer großartigen Natur zu leben, die meisten der vom sogenannten Fortschritt ermöglichten Neuerungen zur Verbesserung der Lebensbedingungen in Anspruch zu nehmen. Ich befinde mich also in einer Logik, deren Grundlagen ich ablehne und in der die Grenze zwischen Genügsamkeit und Nicht-Genügsamkeit fließend geworden ist.

Auch wenn ich jede Form des Raubbaus am Menschen missbillige, muss ich doch feststellen, dass ich trotz meiner alles in allem moderaten ökologischen Prägung ein Kapitalist bin. Dies bewahrheitet sich schnell bei einem Aufenthalt in einem Dorf im Sahel, wo wir Solidaritätsaktionen für den ökologischen Landbau durchgeführt haben: Objektiv gesehen werde ich dort zum Millionär. Denn einzig mit dem Gegenwert meines Mittelklassewagens, den ich mit meinen Büchern und Dokumenten für meine Vorträge in Afrika aus Mobilitätsgründen unbedingt brauche, könnte ein afrikanisches Dorf mit zweihundert Einwohnern seinen Bedarf an Lebensmitteln, wenn es sie nicht produzieren, sondern kaufen müsste, für mindestens zwei Jahre bestreiten. Und hätte ich meinen bescheidenen Besitz und die jährlichen Ausgaben aufzuzählen, wäre die Kluft noch bei Weitem größer. Setzt man als Bezugspunkt in der Hierarchie des Habens die Grundbedürfnisse an, gibt es viele Kapitalisten, die sich nicht für solche halten. So ist das System. Sobald die lebenswichtigen Grundbedürfnisse befriedigt sind – sie messen sich an den lebensnotwendigen Dingen wie Nahrung, Trinkwasser, Unterkunft, Kleidung, medizinische Grundversorgung, die auf dem Globus noch nicht einmal überall gewährleistet sind –, gelangt man in Bereiche des Überflusses und der Güteranhäufung, die keine Grenzen oder Gerechtigkeit mehr kennen.

Nimmt man die Organisation, oder eher die schlechte Organisation in Augenschein, die die Aufteilung der lebenswichtigen Güter unternimmt, kommt man zu dem Schluss, dass die freiwillige Selbstbegrenzung *ipso facto* zu ausgleichender Gerechtigkeit führen muss. Wenn man auf unserer gemeinsamen Erde eine von moralischen Grundsätzen ausgehende Gerechtigkeit schaffen möchte, dann ist es gerechtfertigt, von Raub zu sprechen, solange nicht die gesamte Menschheit Zugang zu den lebenswichtigen Ressourcen besitzt. Solange einem neugeborenen Kind nicht das zusteht, was ihm als Lebewesen legitimerweise zukommt, handelt es sich um eine Form der widerrechtlichen Aneignung, denn die von der Erde kommenden und noch reichlich vorhandenen Güter sind für alle Lebewesen, die auf ihr wohnen, vorgesehen und nicht nur für die, die sich mit politischer Macht, Marktgesetzen, Finanzkapital oder Waffen ihren Besitz erlangen. Ein solcher Raubzug wird heute durch das Gesetz gebilligt, es hat daraus sogar eine Norm gemacht, die man nicht infrage stellen kann. Solange diese Unredlichkeit – der Ordnung und der Klugheit des Lebens folgend – nicht als unstatthaft erachtet wird, wird die Menschheit nicht fortbestehen können.

Elend, Armut und Reichtum wohnen auf unserem Planeten eng beieinander und erschaffen Hierarchien des Besitzes und der Macht, die zu allen erdenklichen, allesamt der Ideologie des schrankenlosen Immer-Mehr zuzuschreibenden Repressionen führen. Wäre denn jenseits der bestehenden Logik, die den Bürger auf den Rang eines vulgären Konsumenten herabwürdigt, die berüchtigte Kaufkraft von Belang? Dieser Logik folgend würde ausbleibende Kauflust ihm nur schaden. Trotz des Risikos physischer und psychischer Fettleibigkeit ist der Konsum eine Art Bürgerpflicht, die auf einer umgekehrten Askese beruht, wobei die Unersättlichkeit und die Unzufriedenheit die beiden Zitzen der Ökonomie bilden. Dankbarkeit, Mäßigung, Besonnenheit sind die Gefühle und Tugenden, die der *Homo oeconomicus*, dieses Rädchen einer gigantischen weltweiten Maschine, entschlossen eliminieren muss, denn sie stellen für den Stoffwechsel der Pseudo-Ökonomie, die die Welt an der Gurgel hat, eine Gefahr dar.

Und noch einmal: Wie ist bei diesen komplizierten Zusammenhängen klar zu definieren, was Genügsamkeit sein könnte? Man weiß doch, dass ohne Hilfe des Staates und karitativer Organisationen noch weit mehr Bürger sogenannter Industriestaaten in unerträglichem Elend leben müssten. Eine Situation, die zusätzlich zur Überschuldung von Staaten und einer wachsenden Zahl von kommunalen und regionalen Institutionen, unweigerlich zur Überschuldung der Familien führt. Die Fakten sprechen für sich, und es macht keinen Unterschied, ob man von einer Rezession spricht oder nicht. Zieht man die pseudo-ökonomischen Mechanismen in Betracht, die die Beziehungen zwischen den Nationen und die aufwändige oder gar verschwenderische Staatsmaschinerie regeln, kann dies nur zu einer endlosen Reihe von Staatsbankrotten führen. Es liegt auf der Hand, dass soziale Eindämmungs- und Linderungsmaßnahmen nicht dazu in der Lage sein werden, ein irreversibles Phänomen in Schach zu halten, das das Zusammenleben auf nationaler und internationaler Ebene bestimmt. Wir haben es mit einer Situation zu tun, in der das Vermögen, die Wirtschaft zum einen durch Arbeit, zum anderen durch Kaufkraft am Leben zu halten, auf Null reduziert ist.

Der Rückgriff auf mitfühlende Solidarität wird an ein Ende gelangen, ohne dass man wüsste, was ihr nachfolgen könnte. Es führt zu nichts, Konsumgüter zu produzieren, wenn gleichzeitig eine große Zahl der Bürger von ihrem Erwerb ausgeschlossen ist. Eine Politik, die erst den Brand legt, um dann den Feuerwehrmann zu spielen, hat den gravierenden Nachteil, die Staaten von ihrer Verantwortung gegenüber dem Bürger reinzuwaschen, der sie doch beauftragt hat, das gemeinsame Schicksal in die Hand zu nehmen. Fehlleistungen und angemaßte Kompetenzen sind so unübersehbar, dass unkontrollierte und zunehmend gewalttätige Revolten sich ausbreiten und vervielfachen werden, wenn das weltumspannende System die unmenschliche, Leiden und Gleichgültigkeit produzierende Logik weiterhin aufrechterhält.

Natürlich rechtfertigt das Prinzip der Genügsamkeit nicht die üblen Zustände, in denen sich viele Menschen befinden, und könnte mit Recht als Provokation oder blanker Hohn ausgelegt werden. Geschöpfe, die ihres Existenzrechts beraubt wurden, können sich mit Sicherheit nicht mit einer anteilnehmenden Solidarität zufrieden geben, wo es doch unter allen Umständen darum geht, dass die Gesellschaft einem jeden ein Leben in Eigenverantwortung ermöglicht. Genügsamkeit wird in diesem Fall zu einem Faktor der Gerechtigkeit und der Gleichbehandlung, aber das erfordert unbedingt den Verzicht auf das herrschende Modell, das auf der allmächtigen Gewinnsucht aufbaut und ihr verfallen ist. Wir können nicht oft genug darauf hinweisen, dass ohne den Verzicht auf dieses Modell keine Änderung möglich sein wird. Eine objektive Tatsachenabschätzung macht deutlich, wie unumgänglich ein Paradigma ist, das den Menschen und die Natur ins Zentrum unserer Sorge stellt, sich aber auch die Ökonomie und all unsere Mittel dienstbar macht.

Nicht selten werde ich gefragt, was ich unter der »glücklichen Genügsamkeit« verstehe, die ich als Gegengift für die freudlose Überflussgesellschaft anpreise, in der sich die sogenannten Industriestaaten festgefahren haben. Über den verführerischen, ästhetischen oder poetischen Begriff hinaus hallt diese Idee in mir wider wie ein Muss, das von der Analyse der objektiven und quantifizierbaren Tatsachen diktiert ist, die meiner Meinung nach die Zukunft auf das Unerbittlichste bestimmen werden. Den Terminus der »nachhaltigen Wachstumsrücknahme« habe ich von dem rumänischen Wirtschaftswissenschaftler Nicholas Georgescu-Roegen übernommen; ich habe diese Prägung zum zentralen Argument meiner Vorwahlkampagne zur Präsidentschaftswahl 2002 gemacht; ich war genötigt, auf diesen Begriff zu verzichten, da er viele Missverständnisse hervorgerufen hat, nicht aber aus Gründen, die mit den Analysen und den von Georgescu-Roegen vorgeschlagenen Postulaten zu tun hatten, welche mir stets als äußerst aussagekräftig erschienen sind. Die einzige

Ökonomie von Belang war für diesen Ausnahmeökonomen diejenige, die im Maßhalten Glück produziert – eine Anschauung, die für mich schon seit Langem eine Selbstverständlichkeit darstellt.

Die Problematik, die Georgescu-Roegen luzide darlegt, wird sich aufzwingen, denn sie ist schlicht realistisch. In der Geschwindigkeit, wie eine dem Glauben an ein unendliches Wachstum anhängende Minderheit in ihrem Drang, Kapital anzuhäufen, die Ressourcen ausbeutet, werden diese sich in exponentiell ansteigendem Tempo erschöpfen. Die Schwellenländer haben das für das Desaster verantwortliche Entwicklungsmodell übernommen und tragen nun dazu bei, einen für die menschliche Spezies fatalen Prozess zu beschleunigen. Muss man es denn fortwährend wiederholen? Man kann auf einem Planeten, der von Natur aus begrenzt ist, nicht nach dem künstlichen Prinzip grenzenlosen Wachstums handeln.

Zugleich mit der Wiederverzauberung der Welt, die wir zu vollenden haben, und in dem Wissen, dass die Schönheit eine immaterielle Nahrungsquelle darstellt, die für die Herausbildung eines authentischen Humanismus unerlässlich ist, müssen wir herausfinden, wie wir die Erde am besten bewohnen und ihr unser Schicksal auf eine Weise zu eigen machen, die für das Herz, den Geist und den Intellekt gleichermaßen befriedigend ist. Unter Schönheit verstehe ich all das, was sich in Großzügigkeit, Gerechtigkeit und Respekt entfaltet. Nur eine solche Schönheit ist imstande, die Welt zu verändern, denn sie ist machtvoller als alle von Menschenhand erschaffene Schönheit, die trotz all ihrer Strahlkraft die Welt nicht gerettet hat und niemals retten wird. Es geht um nichts anderes als unser Überleben. Sich für eine Lebenskunst zu entscheiden, die auf der individuellen und kollektiven Selbstbegrenzung beruht, ist das Gebot der Stunde; daran führt kein Weg vorbei.

# EIN HUMANER WANDEL

Während meiner Kampagne, mit der ich mich um eine Kandidatur zur französischen Präsidentschaftswahl 2002 bewarb, habe ich betont – und tue es noch –, dass das zerstörerische Gesellschaftsmodell, das sich dem ganzen Planeten aufzwingt, nicht zu »flicken« ist. Es mit aller Gewalt aufrechterhalten zu wollen, wie es die globale Ordnung vorsieht, ist vergeblich und verlängert nur den Todeskampf. Die desaströsen Auswirkungen werden dadurch nicht gemildert. Die für die Neuausrichtung der Weltordnung erforderlichen geopolitischen Justierungen sind mit dem Prinzip des grenzenlosen Wachstums unvereinbar. Die klimatischen, ökologischen, ökonomischen und sozialen Entwicklungen erfordern eine noch nie dagewesene Kreativität. Glückliche Genügsamkeit darf sich nicht auf eine persönliche, in sich selbst gekehrte Haltung beschränken. Ausgehend von einer individuellen Lebenskunst sind wir dazu aufgefordert, an einer weltumspannenden Genügsamkeit zu arbeiten. Beim Übergang von der Logik des grenzenlosen Profits zu der Logik des Lebens geht es, gelehrt formuliert, um einen Paradigmenwechsel.

## Den Menschen und die Natur ins Zentrum rücken

Wenn wir daran arbeiten, die Zukunft auf die Logik des Lebens zu gründen, heißt dies zunächst, die Gründungsmythen der Moderne aufzugeben, die mit diesem Ansatz unvereinbar sind. Wenn Genügsamkeit erst breite Resonanz erfährt, ist sie mit absoluter Sicherheit ein Gegenmittel für die zerstörerischen Exzesse. Paradigmenwechsel bedeutet, dass wir danach streben, den Menschen und die Natur ins Zentrum unseres Tuns und unserer Möglichkeiten zu rücken. Wir träumen schon davon, dass sich alle Nationen in dem Bewusstsein versammeln mögen, dass die Erde nicht eine zur Plünderung freigegebene Lagerstätte ist, sondern eine überaus kostbare Oase des Lebens. Die lebenswichtigen Güter, die sie birgt, müssen durch eine besondere Regelung geschützt werden. Zu ihrem Erhalt müssen radikale Resolutionen verabschiedet werden. Wälder, Ackerland, Wasser, Sämereien, Fischgründe müssen unbedingt der Finanzspekulation entzogen werden. Das lebendige Erbe der Menschheit und der zahllosen, ihr Schicksal auf der Erde teilenden Geschöpfe der schamlosen Vulgarität der Finanzwelt ausgeliefert zu sehen, ist so schmerzlich wie empörend.

*Erst wenn der letzte Baum gefällt ist, der letzte Fluss vergiftet, wenn der letzte Fisch gefangen ist, erst dann werden sie begreifen, dass man Geld nicht essen kann.*

Diese Prophezeiung rührt aus purer Einsicht, die Einsicht der autochthonen, primitiven, traditionellen oder wie auch immer bezeichneten Völker. Der Schutz dieser verletzlichen und unschuldigen Menschen vor der Willkür und der Boshaftigkeit der sogenannten zivilisierten Völker muss auf der Prioritätenliste durch strengste Gesetzte festgeschrieben werden. Direkten Übergriffen, denen sie ausgesetzt sind, folgen Völkermord durch Übernahme und Zerstörung ihres natürlichen Lebensraums, mit dem in einer perfekten Symbiose zu leben sie seit Urbeginn gelernt haben. Diese Lebensräume, die sie zu bewahren wussten, sind wie ein öffentliches Gut zu behandeln; für ihren Erhalt müssen wir den Völkern dankbar sein. Der Machtmissbrauch und die Verachtung, der sie zum Opfer gefallen sind, sind niederträchtigster Natur und stellen eine bodenlose Beleidigung der Menschheit dar.

Sicherlich ist es unangebracht, diese Völker über den Klee zu loben. Auch sie haben ihre Unvollkommenheiten, weisen Verhaltensformen auf, die es zu ändern gilt. Wie oft bin ich von dem bescheidenen Platz, den sie den Frauen einräumen, abgestoßen und schockiert. Gleichwohl bezeugen diese den Lebensgrundlagen engverbundenen Völker durch ihre tiefen Überzeugungen und ihre Daseinsweise, dass ein harmonisches Verhältnis zwischen dem Menschen und der Natur möglich ist und ein Fundament für das ökologische Denken darstellen kann. Wie wir alle haben sie das durchaus legitime Recht, auf ihrem Gebiet zu leben, nach den Wertvorstellungen, die sie motivieren und ihrem Leben Sinn verleihen. Unser Engagement für dieses Existenzrecht darf nicht von Mitleid oder Herablassung verfälscht werden. Ihre Lebensart und ihre Botschaften tragen dazu bei, uns auf die heilige Natur des Lebens horchen zu lassen.

## Ein Ausgleich der männlichen und weiblichen Kräfte

Dass der Mythos vom demiurgischen Menschen ein männliches Konzept darstellt – das eine technologische Kultur noch besonders verstärkt –, zeigt sich darin, dass das weibliche Prinzip in diese Kultur so gut wie nicht involviert ist. Keiner der Innovationsbereiche, auf denen das Paradigma der technisch-wissenschaftlichen Moderne beruht, ist – bis das Gegenteil bewiesen ist und mit Ausnahme Marie-Curies – von einem weiblichen Beitrag geprägt worden. Nicht der kleinste Kolben, Verbrennungsmotor, Funkwellensender usw., der einem weiblichen Gehirn entsprungen wäre. Diese alles andere als unerhebliche Realität zeigt die Beschaffenheit eines männlichen Prinzips, das sich einem übertriebenen Machtkult verschrieben hat. Dieses Prinzip trägt uns eine nicht minder gewalttätige Welt ein, was das Weibliche als Beschützer des Lebens sicherlich gemildert hätte.

Das fraglos mächtigste Zeugnis der weiblichen Kraft als Hüterin des Lebens konnte ich in der Sahelzone bewundern. In den achtziger Jahren waren die Ernten durch die langanhaltende Dürreperiode vernichtet worden und es herrschte bitterer Nahrungsmangel. In solchen Umständen ist die Ohnmacht des

Menschen demütigend. Die Männer waren in ihrer Ratlosigkeit gezwungen, sich anderswo nach Arbeit umzusehen – oder bemäntelten mit diesem Vorwand ihre Flucht. Die Frauen, die sich auch noch um die Kinder zu kümmern hatten, legten hingegen eine stärkere Lebenskraft an den Tag; Erschöpfung laugte sie nicht aus oder stumpfte sie ab, sondern trieb sie noch an und beflügelte sie. Tapfer streiften sie durch die Wüste und droschen stundenlang ein Gras, das Cramcram, dessen häkchenbewehrte Samen sich in den Kleidern festsetzen, um daraus mühsam ein Körnchen Lebensenergie zu gewinnen. Zu sehen, wie triumphal diese mittellosen Frauen die extreme Bewährungsprobe durchgestanden haben, hat mich tief bewegt, mit Dankbarkeit und Liebe erfüllt, und mich zu einem kleinen Ausspruch inspiriert: »Vielleicht müssen wir unter Aufbietung allen Muts die Frauen, Hüterinnen des Wassers, des Feuers und der Erde, des Lebens, bitten, die großen heiligen Anhöhen zu erklimmen, um dem letzten Dämmerlicht unserer noch verbliebenen Inbrunst ein Opfer zu bringen, damit das Morgen nicht ohne Licht bleibe.«

Stets habe ich auf das Drama hingewiesen, das die universelle Unterordnung des Weiblichen für die Frauen bedeutet. Eine neue Logik kann sich nicht mit einer Haltung begnügen, die diesem Problem, das die Unausgeglichenheit unserer Geschichte bedingt, mit Fatalismus begegnet. Die Balance zwischen der weiblichen und der männlichen Domäne muss dringend wiederhergestellt werden, und dafür müssen wir von der Kindererziehung an Sorge tragen. Dabei geht es meiner Meinung nach nicht um eine sakrosankte Gleichstellung, sondern um eine dynamische Annäherung und Harmonisierung jener Werte, Empfänglichkeiten und Talente, deren wechselseitige Ergänzung die Welt retten kann.

Hinsichtlich der Frauen in der modernen Gesellschaft ist noch eine heikle Frage offen, die wir hier um der Schlüssigkeit unsere Logik der Mäßigung willen nicht ausblenden wollen: Sind die Ausgaben für Schmuck, Kleidung, Körper- und Schönheitspflege usw. in der Konsumgüterbilanz der wohlhabenden Nationen tatsächlich zu vernachlässigen? In einigen Ländern wurden die größten Vermögen mit Firmenimperien angehäuft, die diese Produktbereiche abdecken. Ich bin hier nicht darauf aus, die Frauen zu Sündenböcken zu machen, noch die Gewohnheiten und Betätigungen infrage zu stellen, die seit Jahrtausenden der Anmut und dem Charme der Frauen zugute kommen und unser aller Leben verschönern. Aber auf die Frage: »Warum wird dafür so viel Geld ausgegeben?«, kann eben keine Antwort aus rein buchhalterischer Sicht gegeben werden, denn mit Rationalität allein ist das Phänomen nicht zu fassen. Ich beschränke mich daher auf einige grundsätzliche Betrachtungen ohne Anspruch auf Richtigkeit, die größtenteils auf Gespräche mit befreundeten Frauen zurückgehen, die sich mit dieser Frage beschäftigt haben, denn mit dieser Problematik bewegen wir uns in einem äußerst subjektiven Feld.

In der modernen Gesellschaft ist das Bild der Frau sozusagen ein Rohstoff von hohem Wert, dem marktgängige Phantasmen aller Art beigemengt werden. Der kleinste Pressekiosk hängt Bilder entblößter, auf Warenrang herabgewürdigter Frauen in seine Auslage und zahllos sind die Gelegenheiten, bei denen die sexuellen Attribute der Frauen zu kommerziellen Zwecken ausgestellt werden. Über subliminale Prozesse, die jeweils auf Frauen und Männer zugeschnitten sind und mithilfe unzähliger deprimierender Inszenierungen sowie mit Mitteln der Gehirnwäsche, wie sie die Werbeindustrie so gut aufzuwenden weiß, fördern solche Bilder den Warenkauf und Verkauf. Das Budget der Werbeindustrie kann durchaus zu den Ausgaben für die eigentlichen Schönheitsprodukte hinzugerechnet werden. Die Lage der Frau in den verschiedenen Kulturen, ihre historisch begründete Abhängigkeit von dem sie beschützenden Mann, die juristischen und moralischen Grundsätze, die diese Abhängigkeit festschreiben, all dies ist nicht ohne Grund, wenn es darum geht, wirtschaftliche Sicherheit mit jenen Mitteln der Verführung zu erlangen, die auf die Erfüllung männlicher Kriterien setzen. Manche Frauen fühlen sich, wenn auch widerwillig, dazu verpflichtet, diesen willkürlichen Regeln zu folgen. Überdies sind die Auslagen, die Zeitschriften, die Werbung lauter Mittel, um einer emotionalen und sozialen Leere zu entfliehen oder sie auszugleichen. Muss man zudem daran erinnern, dass die Frauen in Europa, und insbesondere in Frankreich, sehr viel Geduld aufbringen mussten, bis sie an allgemeinen Wahlen teilnehmen durften? Auch das ist nicht ohne Bedeutung. Dass die Demokratie schließlich die Gleichheit der Geschlechter festgeschrieben hat, heißt nicht, dass dies auch der Realität entspricht. Tief eingekapselt in der Psyche der Männerwelt findet sich noch immer ein nahezu unangreifbarer Machismus.

Nimmt man die Leiden des Alterns hinzu, das so schmerzlich als Verlust der Verführungskraft empfunden wird, mag es schwierig werden, sich nicht auf alles zu stürzen, was Linderung verspricht. Und doch, wie viele gealterte Frauen vermögen uns jenseits längst überkommener ästhetischer Kriterien und über alle künstlichen Leitbilder und Schönheitsideale hinaus, durch ihre innere Schönheit, durch einen durch nichts zu beeinträchtigenden Charme zu faszinieren? Im Sinne unterschiedlicher Kulturen schön zu sein, ist ein universelles Bedürfnis. Auch dort wo Armut herrscht, sieht man in einer Vielzahl von Ländern durch alle Altersgruppen hindurch eine weibliche und männliche Eleganz walten, die sich nicht hohen Ausgaben verdankt. Eleganz, Charme und Schönheit sind also durchaus vereinbar mit Genügsamkeit und sind keineswegs von den Ausgaben abhängig, die man für sie erübrigen kann. Wir haben es hier mit einem brennenden Thema zu tun, über das weiter nachzudenken sich lohnt.

## Eine Pädagogik des Seins

Ein Wandel in der Logik kann nur stattfinden, wenn man die Erziehung der Kinder von Grund auf überdenkt.

Maßgeblich sind heute Erziehungsmethoden, die von den Hauptinteressen der Waren- und Finanzideologie bestimmt und diktiert und einer lehrenden Kaste überlassen werden. Man weiß mehr und mehr, wie wichtig die Begleitumstände der Empfängnis, der Schwangerschaft und des Geburtsvorgangs sind. Schluss mit der Heuchelei: Das, was alle Welt Erziehung nennt, ist eine Maschine zur Fabrikation von Soldaten für die Pseudo-Ökonomie, und dient eben nicht der Heranbildung eines gereiften Menschenwesens, das imstande ist nachzudenken, zu kritisieren, zu erschaffen, seine Gefühle zu beherrschen und zu lenken, oder auch dem, was wir Spiritualität nennen, nahezukommen. »Erziehen« lässt sich aus dieser Warte folgendermaßen auf den Punkt bringen: Deformieren, um zu formatieren und in Konformität zu überführen. Das wachsende Unbehagen einer Jugend, die zum Scheitern verurteilt ist, da das System sie nicht integrieren oder sich ihrer annehmen kann, zeugt von dieser Entfremdung. Die besonders während der *Trente Glorieuses* gängige Gleichung, wonach eine gute Ausbildung und darauffolgende Qualifikationen ein sicheres Auskommen garantieren, funktioniert nicht mehr in einer Gesellschaft, die sich dem grenzenlosen Wachstum verschrieben hat. Warum also sollte man auf dieser bereits obsolet gewordene Option beharren?

Folgt man dem neuen Erziehungsparadigma, bedeutet dies zuallererst, sich dem Kind zu widmen und eine Pädagogik des Seins zu entwickeln, die das Kind vor allem zu sich selbst kommen lässt, das heißt ihm zu helfen, seine einzigartige Persönlichkeit zu entdecken, seine spezifischen Talente, damit es dem Ruf folgen kann, der seiner Anwesenheit in der Welt und in der Gesellschaft Leben einhaucht. Das heißt auch, ihm das Gefühl zu geben, in einer vielgestaltigen Welt an seinem ureigenen Platz zu sein. Damit diese Zweite Geburt wirklich geschehen kann, muss dass schreckliche Wettbewerbsklima abgeschafft werden, das dem Kind den Eindruck vermittelt, die Welt sei auf körperlicher wie psychischer Ebene eine Arena, in der eine dem Wissensdurst abträgliche Angst erzeugt wird.

Die dem Intellekt eingeräumte Vorrangstellung zu Ungunsten der Geschicklichkeit der Hand, der wir immerhin unsere Entwicklung zum Menschen verdanken, ist eine Katastrophe, die uns, ohne dass wir uns dessen bewusst wären, zu Krüppeln macht; sie hat eine willkürliche Hierarchie geschaffen, indem sie dem begrifflichen Zugang zu den Dingen den Schlüssel eines Entscheidungsprozesses übertragen hat, den die taktile Erfahrung nicht bestätigen kann. Auch die konkrete Beziehung zur Natur ist unerlässlich, denn ihr verdankt das Kind seine Existenz und zwar lebenslang; nutzt man ein lebenserhaltendes Prinzip, ohne es zu kennen, ist dies eine enorme Wissenslücke.

Die Erziehung muss die wechselseitige Ergänzung der Fähigkeiten wiederherstellen. Die Bildungseinrichtungen müssten Beete zur Kultivierung, Werkstätten zur Erlernung manueller und künstlerischer Fertigkeiten bereitstellen. Biologisch-dynamische Gärten sollten die unantastbaren Lebensgesetze handgreiflich erfahrbar machen: die Fruchtbarkeit der Erde, ihre Großzügigkeit, uns mit lebenserhaltender Nahrung zu versorgen, die Rätselhaftigkeit und Schönheit jener Phänomene, die die Ökologie in ihrer enormen Vielschichtigkeit bestimmen. Die Schule muss zudem der Ort werden, an dem das Verständnis für die Komplementarität von Frau und Mann, des Weiblichen und Männlichen, gefördert wird; und natürlich auch der Platz, an dem die Erziehung zur Genügsamkeit einen womöglich für das ganze Leben ausschlaggebenden Faktor darstellt.

Denn das Kind, das von der Produktion der Güter, die es in einer Kultur des Überflusses so ausgiebig nutzt, genauso wenig weiß, wie von dem Abfall, den es später produziert, findet sich auf die linientreue und traurige Funktion eines kleinen verschwenderischen Konsumenten reduziert. Es ist sich weder seiner Teilhabe an der kollektiven Übertreibung der Reichen und ihrer freudlosen Privilegien bewusst, noch weiß es, dass viele Kinder in Ländern leben, deren Alltag von Armut oder sogar vom Elend bestimmt ist. In deren Augen habe ich paradoxerweise oft einen lebendigen Funken beobachten können, als hätten sie sich trotz allem ihre Hoffnung bewahrt. Die Anleitung zur Mäßigung ist eine Quelle der Freude, denn sie macht schneller zufrieden und baut die Frustrationen ab, die das Immer-Mehr produziert. Letztere werden von einer Werbung immer wieder geschürt, vor deren schädlichen Einfällen jedes Kind geschützt werden müsste. Diese Geiselnahme produziert abgestumpfte und desillusionierte Kinder und mit dem »Aber sofort« schwindet das Verlangen, dem die Geduld so viel Würze und Wert verleiht. In eine ähnliche Kategorie fällt die Feststellung, dass die Spielwarenindustrie die Bildwelt der Kinder durch ihren erwachsenen Blick verdirbt. Gefüttert mit Spielzeug, das einfach konsumiert wird, ist den Kindern die natürliche Fähigkeit abhanden gekommen, sich selbst und mit unvergleichlichem Einfallsreichtum, die zum Spielen benötigten Dinge herzustellen. Diese unverdorbene Kreativität würde zur Genügsamkeit vieles beizutragen haben, denn die Herstellung von Massenwaren würde überflüssig, deren Fabrikation viele wertvolle Rohstoffe, häufig Erdöl, benötigt und Kosten für Energie, Umweltverschmutzung und Recycling nach sich zieht. Darüber hinaus ist eine exorbitante Menge von Spielzeug zu beklagen, in dem sich schädliche und perverse Symbole der gegenwärtigen Gesellschaft repräsentiert finden. Mit diesem Spielzeug wird das Gift aller Übel in unschuldige Seelen injiziert: Gewalt, Mord, Pornografie etc. Der Staat steht hier in der Pflicht, aber auch die Eltern, strenge Vorschriften zu erlassen, die die überaus verletzlichen und manipulierbaren Kinder vor den Begehrlichkeiten schützen, die ihre Integrität beeinträchtigen könnten. Es geht hier nicht darum, diese Frage aus einem moralischen oder manichäischen Gesichtspunkt zu erörtern, sondern auf objektive Tatsachen objektive Antworten zu geben, die von den Erwachsenen, die für die Zukunft der ihnen anvertrauten Generation verantwortlich sind, erbracht werden müssen. Zu fragen: »Welche Erde hinterlassen wir unseren Kindern?«, reicht nicht aus; man muss auch die Frage stellen: »Welche Kinder hinterlassen wir dem Planeten?«

## Die Situation unserer Alten

In der Aufzählung der wichtigsten Aspekte der Situation des Menschen in der Moderne, darf die Herz und Verstand beschämende Lage der Alten nicht unerwähnt bleiben. Das Altern ist ein Prozess, dem nichts und niemand entrinnen kann; deshalb wurden Regeln erfunden, die das Leben organisieren: Die Jugend ist nur eine Interimsphase der Karussellfahrt unseres Lebens. Die Organisation der Gesellschaft ist auf dem *Homo oeconomicus* aufgebaut, der als produktive und konsumierende Größe betrachtet wird, den beiden Antriebswellen der Pseudo-Ökonomie. Altern heißt für diese Spezies nicht, zu reifen, Früchte zu tragen und sie weiterzugeben, bevor man erlischt, sondern zu verfallen, bevor man verschwindet. Es ist also kaum verwunderlich, dass unter solchen Bedingungen die Angst vor dem Älterwerden so sehr verbreitet ist. Die urbanen Zentren mit ihrer zunehmenden Unmenschlichkeit sind für die seit Jahrhunderten in den Großfamilien gebräuchliche wechselseitige Unterstützung der Generationen nicht mehr geschaffen. Die heutige durch Sozialleistungen wie der Rente, der Sozialversicherung und andere Zuteilungen rationalisierte Solidarität gelangt an ihre Grenzen. Diese Transferleistungen sind bekanntlich an die Generierung von Kapital gekoppelt. Sie werden gezwungenermaßen erlöschen, sobald diese Vermögen schrumpfen oder ganz verschwinden, was im Bereich des Möglichen liegt. Heute profitieren Rentner von einem Geldsegen, der zumindest aus den wenigen, deren Rente ausreicht, eine privilegierte Klasse macht. Manche verwenden dieses Einkommen, um ihre Kinder und Enkelkinder zu unterstützen, die mitunter trotz ihrer jugendlichen Energie arbeitslos sind, manchmal sogar trotz ausgiebiger Vorbereitung, um in den »Arbeitsmarkt« einzutreten, wie man es auf so abstoßende Weise formuliert. Dieses Missverhältnis ist eines der deutlichen Signale für den Niedergang der herrschenden Logik und verschlimmert noch das soziale Chaos. Wenn man die Lage kühl analysiert, gelangt man zu der Feststellung, dass die Alten mit dem ihnen zugebilligten Auskommen und der Pflege, derer sie bedürfen, das System künstlich ernähren. Sie werden von der Politik als Wählerschaft hofiert, aber auch von Reiseveranstaltern, Banken, und all jenen, die aus ihren Fonds und Ersparnissen Profit ziehen können – was aber, wenn diese sich auflösen? Wie auch sollte man ein Lebensende nicht befürchten, bei dem man zur Isolation, zur Einsamkeit in einem aseptischen Universum verdammt ist? Die Logik des menschlichen Lebens hat stets auf Kontinuität geachtet: Die aus den Lebenserfahrungen der Alten hervorgegangenen Errungenschaften wurden an die nachfolgende Generation weitergegeben. Ein Kind und eine ältere Person spazieren gehen und miteinander plaudern zu sehen, ist immer ein kleines Wunder. Sie repräsentieren die beiden Extreme des Lebens und somit auch seinen kontinuierlichen Charakter. So hat die Moderne, indem sie die Lebensstadien, Alt und Jung, voneinander trennt, die schmerzliche Erfahrung des Lebensendes noch verstärkt.

Was auch immer man tut, eine Nation mit Palliativen künstlich am Leben zu halten, geht nur eine gewisse Zeit; das politische System, gefangen in seinen Widersprüchen, seinen sterilen Auseinandersetzungen, seinen Wahlterminen, den Umfragen und Beliebtheitskurven ist nicht dazu in der Lage, oder nicht willens, die Realität objektiv und klar zu erkennen. Es gibt sich mit sozialen Ersatzeinrichtungen zufrieden, einem institutionalierten Almosentum und wartet. Aber worauf? Hinzu kommt die Hilfe durch die karitativen Einrichtungen, die eine immer größere Rolle spielen. Nicht zu vergessen die Subventionen für die Landwirtschaft und die unzähligen kleinen Vereine, die sich die Ausbesserung der gesellschaftlichen Kollateralschäden zur Aufgabe gesetzt haben. Wohlverstanden, diese Herzenswärme verdient unsere Dankbarkeit, unsere Bewunderung, sie trägt aber auch dazu bei, die Staaten ihrer Verantwortung zu entledigen, indem sie die Symptome, die eine realistischere Diagnose erlauben würden, verdeckt; eine Diagnose, die zu radikalen, der Dringlichkeit der Frage angemessenen Entscheidungen veranlassen würde. Wie sollte man in Anbetracht der breiten Armut, der angestauten Frustrationen, der Entrüstung über die bisweilen ostentative Arroganz der Schwerreichen, der politischen Willkür, der übersteigerten Eitelkeiten, der Verdummung der Massen und Manipulationen aller Art, nicht einen gesellschaftlichen Aufruhr größten Ausmaßes wittern? Die durch den Menschen seinen Mitmenschen zugefügten Verletzungen komplett aufzuzählen, wäre ein Ding der Unmöglichkeit. Auch das Leid, das der Mensch seinen Mitgeschöpfen zufügt, die das Pech haben, mit ihm zur gleichen Zeit und am gleichen Ort zu leben, einem Ort, der uns allen gehört, scheint weder Herz noch Bewusstsein anzurühren. Muss man wiederholen, dass wir unseren Begleitern, den Tieren gegenüber eine uralte Überlebensschuld zu erbringen haben? Was wäre der Eskimo ohne seine Hunde und die arktische Tierwelt, die ihn ernährt? Der Beduine ohne das Dromedar? Der Lappe ohne sein Rentier? Und in anderen Breitengraden der Mensch ohne Yak, Kamel, Zugpferd, Büffel, Ochse usw.? Was für eine Undankbarkeit …

In der gegenwärtigen Welt verschwindet sowohl in der wilden Natur als auch unter den domestizierten Arten ein großer Teil der Artenvielfalt der Tiere. Den Tieren werden Qualen zugefügt, die auch die schlichteste Moral ablehnen muss, oder man verhätschelt sie bis zur Lächerlichkeit und zwingt ihnen eine fast widernatürliche Lebensweise auf. Es war nicht leicht, die afrikanischen Teilnehmer eines Lehrgangs für ökologischen Landbau davon zu überzeugen, dass in den wohlhabenden Ländern die Ausgaben für Schoßtiere die Haushaltsausgaben mancher sogenannter Entwicklungsländer übersteigen. Auch darüber muss man nachdenken, wenn man über Genügsamkeit nachdenkt.

Welchen Bereich des modernen Lebens wir auch unter die Lupe nehmen, stets finden wir uns beim genauen Gegenteil glücklicher Genügsamkeit wieder. Welch eine Verschwendung, wie viel Müll, welche Unsummen für absolut überflüssige Dinge von Seiten der Staaten!

Solange die omnipräsente, die omnipotente und *omniverblödende* Profitgier die den Geist berieselnde Brühe ist, die rücksichtslos entmenschlicht und zerstört, kann man schlechterdings behaupten, dass sich die menschliche Spezies nicht nur nicht wird weiterentwickeln können, sondern zurückentwickeln wird. Man muss schon naiv, heuchlerisch oder ignorant sein, wenn man glaubt, dass es mit den kleinen und großen internationalen Treffen über Emissionsquoten und andere Scheingründe gelingen könnte, die Geschichte schön und sinnhaft zu gestalten. Denn diese Intelligenz hat nichts mit den vielen Fähigkeiten zu tun, mit denen wir ausgestattet sind. Die fragmentierte Sicht der Realität, die übertriebene Spezialisierung, die beeindruckende Vielzahl der wissenschaftlichen, medizinischen und technischen Fachrichtungen, die Institute und Akademien haben die Welt nicht nur nicht gerettet, sondern tragen mitunter dazu bei, ihren Verfall zu beschleunigen. Man sollte nicht mit Herablassung auf unsere Geschichte blicken sondern Lehren aus ihr ziehen. Die Vergangenheit sollte als Erbe der Menschheit aufgefasst werden, das mit dem, was die Moderne an Gutem hervorgebracht hat, auf eine Stufe zu stellen und in Einklang zu bringen ist, ein Erbe, das von der Aussicht auf Gewinn als Geisel genommen und privatisiert worden ist. Doch dies kann nur unter der Ägide einer Intelligenz geschehen oder einer Luzidität, die nicht einem gut geschmierten und funktionierenden Gehirn entspringt, sondern sich der Verbindung mit einer transzendenten, unserem Auftauchen in der Erdgeschichte vorgängigen Ordnung verdankt, der wir unsere Existenz uneingeschränkt verdanken. Diese Ordnung zu verstehen, mit ihr zu arbeiten und nicht gegen sie, das ist Intelligenz.

# FÜR EINE KONSTRUKTIVE EMPÖRUNG

Angesichts des Gangs und des Zustands der Welt nicht empört zu sein, fällt schwer. Man hat den Eindruck eines ungeheuren Schlamassels, der hätte vermieden werden können, hätte man ein Gesellschaftsmodell entwickelt, in dem Intelligenz und Großzügigkeit einhergehen. Auf Empörung folgt meist die Revolte. Je nach den Umständen kann sie Wirkung auslösen oder verpuffen. Sie kann das Beste aber auch das Schlechteste mit sich bringen; die Geschichte kennt viele Lektionen zu diesem Thema. Manche der grausamsten Diktaturen sind unter dem Vorwand einer legitimen Erhebung gegen ein unterdrückerisches Regime an die Macht gekommen. Bedauerlicherweise sind die Unterdrückten, einmal an der Macht, die Unterdrücker, und dies wird solange nicht anders sein, bis jedes Individuum in sich den Keim zur Unterdrückung ausgemerzt hat. Die Dinge ändern sich nicht, gerade feiert man noch einen Mauerfall, und schon werden unter unseren Augen, in unseren Herzen längst errichtete, neue Mauern gebaut. Der Mensch als solcher ist sprunghaft, unvorhersehbar, von unkontrollierbaren subjektiven Mechanismen angetrieben, die uns zur Zurückhaltung einladen: Man kann nicht mehr erwarten, als man bekommen kann. Über die Jahrhunderte hat uns die Geschichte an den

Vorbeimarsch der Helden gewöhnt, die von einer jubelnden Menge als Retter gefeiert wurden, um kurze Zeit später verjagt oder, wenn sie den an sie gestellten und mitunter überzogenen Erwartungen nicht mehr entsprachen, sogar hingerichtet zu werden. Zumindest, wenn sie ihre Macht nicht endgültig sichern konnten, um eine lebenslange autoritäre Herrschaft auszuüben oder unrechtmäßige Dynastien zu etablieren.

Angesichts einer in diesem Grad von der Feigheit und der blinden Billigung ihrer Bürger pervertierten Welt hat die ewige Suche nach dem Heilsbringer und dem Sündenbock etwas Pathetisches. Durch eine Perversion der Demokratie – die noch nicht einmal Entrüstung hervorruft – sind heute Diktatoren besonderer Prägung an der Macht; sie haben sich durch eine Parodie allgemeiner Wahlen küren lassen. Und dies wird immer noch hingenommen, weil ein Netz obskurer und verdeckter Interessen die Empörung im Keim erstickt und angesichts der ganzen Schändlichkeiten begnügt man sich mit einigen ohnmächtigen Protesten. Entlässt uns dies aus unserer Verantwortung im Hinblick auf unser individuelles Schicksal und das der Gemeinschaft? Ein Schicksal, dessen Sinn und Zweck unserem Auffassungsvermögen häufig entgeht … So stellen Aktion und Reaktion die Kett- und Schussfäden der Geschichte dar. Kann man sich, um dieser Fatalität zu entgehen, eine Logik vorstellen, die weder auf der Dynamik von Gegensätzen und Rivalitäten und der Gewalttätigkeiten in ihrem Gefolge aufbaut, noch auf einem sterilen Konsens, der auf Kompromissen beruht, die von der Vorherrschaft des Geldes erzwungen und für die größten Desaster verantwortlich sind? An dem Punkt, an dem sich der Mensch zur Zeit befindet, steht viel zu viel auf dem Spiel und ist die Zeit viel zu knapp, ist die Dringlichkeit entschiedener Lösungen viel zu groß, als dass die Antwort auf diese Frage aufgeschoben oder gar aufgehoben werden könnte. Wir müssen uns endlich darüber klarwerden, wohin wir gehen möchten, welches Leben wir leben möchten, damit unser Aufenthalt auf der Erde einen Sinn bekommt; wir müssen uns einfach bewusst werden, dass angesichts dessen, was unsere Anwesenheit auf der Welt mit dem Leben angerichtet hat, diese Anwesenheit wohl eher in einen bedauerlichen Unfall mündet.

Die Menschheit ist so sehr darauf angewiesen, zu glauben und zu hoffen, dass sie immer zu Kompromissen bereit ist, aber auch dazu, schlecht abzuschätzende Risiken auf sich zu nehmen. Es gibt Leute, die mir vorwerfen, in meinem Protest nicht bissig genug zu sein. »Wie kannst du angesichts der unerträglichsten Situationen noch Ruhe bewahren?« In der Tat sind diese Situationen so zahlreich, dass unser Leben zu einer Empörungsorgie zu verkommen droht, die einen Zustand fortwährender Ohnmacht orchestriert.

»Bist du, was die Zukunft anbelangt, Optimist oder Pessimist?« Georges Bernanos schrieb, dass der Optimist ein glücklicher Dummkopf sei und der Pessimist ein unglücklicher. Die Gesellschaft wird offenbar von immer mehr Ängsten heimgesucht, und diese wachsen gleichzeitig mit der Verheerung der Biosphäre und der von der ungebremsten Gier des Menschen verschuldeten Armut. Prophezeiungen, die der delphischen Pythia würdig wären, und völlig unsinnige Voraussagen gehen einher mit Prognosen und Zukunftsvorhersagen, die auf strengsten sogenannten wissenschaftlichen Daten aufbauen und auch nicht weniger Kontroversen, Skepsis, Unglauben, Pessimismus oder einen unzerstörbaren Glauben an eine bessere Zukunft auslösen. All dies wird uns nicht weiterhelfen, solange wir nicht begreifen, dass jede Menschheitskrise menschengemacht ist und, die Faktoren, auf die wir keinen Einfluss haben, einmal beiseitegelassen, dass die Zukunft sein wird, was der Mensch aus ihr macht. Nichts anderes.

Wenn mein innerstes Wesen, trotz einer frühreifen und durchaus noch wachen rebellischen Haltung, mich nie zu härteren Protesten hat greifen lassen, dann heißt das nicht, dass ich Passivität predige. Ich verstehe, dass aus Empörung Zorn entstehen kann, den lautstark zu äußern sich in bestimmten Fällen als unerlässlich erweist, um einen Wandel herbeizuführen; aber man muss wissen, um welchen Wandel, um welchen Zweck, es sich dabei handeln soll. Wir haben gewissermaßen die Pflicht, die Empörung wachzuhalten, um nicht in Gleichgültigkeit zu verfallen oder einem Fatalitätsgefühl nachzugeben, das uns nur noch ohnmächtiger macht – und das schwer an unserer Würde kratzt. Anstatt es auf eine heftige Revolte hinauslaufen zu lassen, die den Eindruck vermittelt, bereits gehandelt zu haben, ist die Empörung für mich ein Ansporn geworden, eine Kraft, die mich angestiftet hat, neue Wege zu finden, um zu beweisen, dass andere Verhaltensweisen, dass eine Wahl möglich ist, wenn wir nur mit unserer ganzen Überzeugung dafür eintreten.

Mehr denn je glaube ich an meinen Wahlslogan und rufe zum Aufstand des Gewissens auf. Dieser Appell wird offenbar immer mehr beherzigt. Aufbauend auf der Macht der Mäßigung als Gegenmittel zur Profitgier, könnte er zu einer aktiven politischen Bewegung führen. Die Schaffung eines Mikrokosmos, in dem sich unser freier Wille in völliger Souveränität erproben könnte, ist möglich, es ist auch unerlässlich für einen Veränderung der Welt. Wir können uns von der Tyrannei der Finanzwelt nur befreien, wenn wir uns organisieren, um von ihr nicht mehr gänzlich abhängig zu sein. Zur Erlangung dieses Ziels ist Genügsamkeit absolut notwendig. Es liegt an uns, sie in ihrer Tragweite zu verstehen und aus ihr eine glückliche Option zu machen, die in ein leichtes, ruhiges und freies Leben mündet. Mit Freude können wir feststellen, dass überall in der Zivilgesellschaft Initiativen aus dem Boden schießen, die diesen wunderbaren Wandel tragen. Ich komme mit immer mehr jungen Menschen zusammen, die ein erfolgreiches Leben und eben nicht nur eine erfolgreiche Karriere anstreben, mit Führungskadern, die Erfolg im gesellschaftlichen Sinne hatten, aber nach eigenem Ermessen menschlich gescheitert sind. Im Verhältnis zu früheren Kriterien verschiebt sich also die Fragestellung, und die sinnvolle Erfüllung wird zu einer vordringlichen Größe bei der Lebensgestaltung. Noch werden ernsthafte Bestrebungen, ein einfaches Leben zu führen, von der

Unbeweglichkeit hinfälliger Institutionen ausgebremst, von starren Strukturen, die unfähig sind, die neuen Entwicklungen der Gesellschaft aufzunehmen. So paradox es ist: Um genügsam auf einem Fleckchen Erde zu leben – wonach mehr und mehr Leute trachten –, braucht es zunächst ein gutes finanzielles Polster. Wird man davon ausgehen müssen, dass sich ein einfaches Leben teuer gestaltet? Mehr denn je ist eine neue und realistische Politik vonnöten, die den großen sich ständig erweiternden Bewegungen Beachtung schenkt, nicht um sie einzudämmen – das wäre vergeblich – sondern um sie zu begleiten. Die schwierige globale Konjunkturlage, die diese Bewegungen hat entstehen lassen, macht sie jeden Tag ein bisschen universeller.

Die Utopien gedeihen – welch ein Glück – und selbst wenn sie nicht immer von Erfolg gekrönt sind, bezeugen sie doch die starke Entschiedenheit für eine andere Welt. Aber man sollte sich nicht zu Übertreibungen hinreißen lassen. Ein Großteil der Bürger hat sich mehr oder minder komfortabel in dem überkommenen Modell eingerichtet und will nicht wissen, dass es zur Debatte steht. Noch scheint die Zeit nicht gekommen zu sein, wo die Industrienationen begreifen könnten, dass es in ihrem Interesse liegt, die traditionellen sozialen Strukturen zu bewahren, indem sie sie mit den positiven Errungenschaften der Moderne optimieren. Die sogenannten Schwellenländer »stürzen« sich, getrieben vom Mythos des Erfolgs, mit aller Energie auf ein Modell und kopieren etwas, dessen Scheitern schon längst erwiesen ist.

Aus diesem Grunde sollte man die erneuernden Initiativen in den sogenannten fortschrittlichen Ländern als Prototypen begreifen, die vorwegnehmen, was in einer als unsicher sich abzeichnenden Zukunft allgemein unumgänglich sein wird. Es ist mir vollkommen bewusst, dass ich eine komplexe Problematik aufwerfe, wenn ich die glückliche Genügsamkeit predige. Mit diesen Aufzeichnungen habe ich versucht, das Wesen einer glücklichen Genügsamkeit zu erläutern. Ob mir dies gelungen ist, wird vielleicht die Zukunft zeigen.

# ANHANG

# GLÜCKLICHE TRÄUME ZUR AUSSAAT FÜR DIE JAHRHUNDERTE

*Es hat einmal Menschen gegeben, die Augenmaß genug besaßen, in ihren Kindern Gefühle von Respekt zu wecken. Sie unterwiesen sie wie folgt:*

*»Wisst, dass die Schöpfung nicht unser ist, sondern wir ihre Kinder sind. Hütet euch vor dem Hochmut, denn auch die Bäume und alle anderen Geschöpfe sind Kinder der Schöpfung.*

*Lebt mit Leichtigkeit, ohne je das Wasser, den Wind oder das Licht zu beleidigen. Und wenn ihr für euer Leben Leben nehmen müsst, tut es mit Dankbarkeit. Wenn ihr ein Tier opfert, wisst, dass es das Leben ist, das sich dem Leben schenkt, und dass von diesem Geschenk nichts vergeudet werde. Wisst in allen Dingen Maß zu halten. Veranstaltet keinen unnötigen Lärm, tötet nicht ohne Notwendigkeit oder aus Vergnügen.*

*Wisst, dass Bäume und Wind sich an der Melodie ergötzen, die sie gemeinsam hervorbringen, und dass der Vogel auf den Schwingen der Luft ein Bote des Himmels und der Erde ist.*

*Seid äußerst wachsam, wenn der Himmel euren Pfaden leuchtet, und wenn die Nacht euch zusammenführt, setzt alles Vertrauen in sie, denn wenn ihr ohne Hass noch Feind seid, wird sie euch ohne Schaden auf den Kähnen der Stille bis zu den Ufern der Morgenröte führen.*

*Mögen euch die Zeit und das Alter nicht niederdrücken, denn sie bereiten auf andere Geburten vor, und wenn euer Leben gerecht war, werden euch in euren schwindenden Tagen neue glückliche Träume erstehen, zur Aussaat für die Jahrhunderte.«*

# INTERNATIONALE CHARTA FÜR DIE ERDE UND DEN HUMANISMUS

## Welchen Planeten hinterlassen wir unseren Kindern? Welche Kinder hinterlassen wir unserem Planeten?

*Der Planet Erde ist bis zum heutigen Tag die einzige Oase des Lebens inmitten der unermesslichen Sternenwüste. Für ihn Sorge zu tragen, ihn in seiner natürlichen und biologischen Unversehrtheit zu respektieren, maßvoll an seinen Ressourcen zu partizipieren, auf seinen Kontinenten den Frieden und die Solidarität unter den Menschen zu etablieren, im Respekt für alle Formen des Lebens, ist das naheliegendste und großartigste Projekt.*

## Befund: Die Erde und die Menschheit sind höchst bedroht

### *Der Mythos vom unendlichen Wachstum*

Das industrielle, der Warenproduktion verpflichtete Modell, auf dem die moderne Welt basiert, folgt einer Ideologie des Immer-Mehr und strebt nach einem grenzenlosen Profit auf einem begrenzten Planeten. Der Zugang zu den Ressourcen wird durch Plünderung, Wettbewerb und den Wirtschaftskrieg zwischen den Individuen eröffnet. Da das Modell von fossilen Brennstoffen und einem hohen Energieverbrauch abhängig ist, kommt es für eine universelle Anwendung nicht infrage.

### *Die ganze Macht des Geldes*

Als alleiniger Maßstab für den Wohlstand der Nationen – der sich nach BIP und BSP klassifiziert –, hat das Geld die volle Macht über das kollektive Schicksal übernommen. Deshalb hat alles, was sich nicht geldwert ausdrücken lässt, keinen Wert, und das einzelne Individuum ist gesellschaftlich entwertet, wenn es kein Einkommen hat. Auch wenn das Geld allen unseren Wünschen entsprechen kann, so ist es doch außerstande, Freude und Lebensglück zu bieten.

### *Das Desaster der industriellen Landwirtschaft*

Die Industrialisierung der Landwirtschaft hat mit ihrem massiven Einsatz an chemischem Dünger, Pestiziden, hybridem Saatgut und übertriebener Mechanisierung der Mutter Erde und der bäuerlichen Kultur schweren Schaden zugefügt. Da die Menschheit nicht produzieren kann, ohne zu zerstören, riskiert sie Hungersnöte unglaublichen Ausmaßes.

### *Humanitäre Hilfe statt Humanismus*

Obwohl die heutigen Nahrungsquellen ausreichen, die Grundbedürfnisse aller Menschen sicherzustellen, nehmen Armut und Mangel stetig zu. Anstatt die Welt auf den Prinzipien des Humanismus, der Gerechtigkeit, des Ausgleichs und der Solidarität aufzubauen, greifen wir auf das Sedativum der Humanitären Hilfe zurück. Erst einen Brand zu legen und dann zu löschen, ist in dieser Logik zur Norm geworden.

*Die Verbindung zur Natur ist unterbrochen*

Die Moderne, die vor allem ein städtisches Phänomen darstellt, hat eine Zivilisation »ohne Boden« errichtet, die von der Realität und den Zyklen der Natur abgeschnitten ist. Das hat die Situation des Menschen und den der Erde zugefügten Schaden nur noch verschlimmert.

Im Norden wie im Süden nehmen Hungersnöte, Mangelernährung, Krankheiten, Ausgrenzungen, Gewalt, Unbehagen, Unsicherheit, Boden-, Wasser-, Luftverschmutzung, Ressourcenerschöpfung, Verwüstung usw. unaufhörlich zu. Diese Befunde appellieren mit Dringlichkeit an unser Gewissen wie an unsere Verantwortung und fordern uns zu raschem Handeln auf, um die Entwicklungen, die unsere Zukunft und die der zukünftigen Generationen zunehmend ungewiss erscheinen lassen, vielleicht noch abwenden zu können.

## Vorschlag: Leben und für sein Leben Sorge tragen

*Die Utopie verkörpern*

Die Utopie ist keine Chimäre, sondern der »Unort« aller Möglichkeiten. In Anbetracht der Grenzen und der Engpässe unseres Existenzmodells ist sie ein Lebenstrieb, imstande, das, was wir für unmöglich halten, möglich zu machen. In den Utopien von heute liegen die Lösungen für morgen. Die erste Utopie muss sich in uns selbst verkörpern, denn ohne die Wandlung des Menschen wird kein sozialer Umbruch stattfinden können.

*Die Erde und der Humanismus*

Wir anerkennen die Erde, das gemeinschaftlichen Gut der Menschheit, als einzigen Garanten unseres Lebens und unseres Überlebens. Inspiriert von einem aktiven Humanismus, wollen wir für den Respekt gegenüber jeder Form des Lebens, für das Wohlergehen und ein erfülltes Leben aller Menschen eintreten. Wir erachten die Schönheit, die Genügsamkeit, die Gerechtigkeit, die Dankbarkeit, das Mitgefühl, die Solidarität als Werte, die für den Aufbau einer lebensfähigen und lebenswerten Welt unerlässlich sind.

*Die Logik des Lebendigen*

Wir halten das gegenwärtig vorherrschende Modell nicht für ausbaufähig und glauben, dass ein Paradigmenwechsel unabdingbar ist. Wir müssen den Menschen und die Natur unbedingt ins Zentrum unserer Sorge stellen und ihnen alle verfügbaren Mittel und Kenntnisse zukommen lassen.

*Das Weibliche im Zentrum des Wandels*

Eines der großen Handicaps für eine positive Entwicklung der menschlichen Spezies bleibt die untergeordnete Stellung der Frau in einer übertrieben männlichen und gewalttätigen Welt. Die Frauen neigen eher dazu, die Welt zu bewahren als sie zu zerstören. Wir müssen den

Frauen, den Hüterinnen des Lebens, Reverenz erweisen und auf das Weibliche in uns hören.

### *Ökologischer Landbau*

Von allen Aktivitäten des Menschen ist die Landwirtschaft die unerlässlichste, denn kein Menschenwesen kann ohne Nahrung auskommen. Der ökologische Landbau, den wir als Lebensethik und landwirtschaftliche Methode ins Feld führen, ermöglicht der Bevölkerung die Wiedererlangung ihrer Autonomie, eine sichere und gesunde Ernährung und gestattet ihr zugleich, ihre landwirtschaftlichen Traditionen wieder aufleben zu lassen und zu bewahren.

### *Glückliche Genügsamkeit*

Angesichts eines unbestimmten »Immer-Mehr«, das den Planeten für den Profit einer Minderheit ruiniert, ist die Genügsamkeit eine bewusste, von der Vernunft diktierte Wahl. Sie ist eine Kunst und Ethik des Lebens, Quelle der Zufriedenheit und eines tiefen Wohlbehagens. Sie bedeutet eine politische Positionierung und einen Akt des Widerstands zugunsten der Erde, des Ausgleichs und der Gerechtigkeit.

### *Die Wirtschaft regional organisieren*

Geht es um die Sicherstellung der legitimen Grundbedürfnisse der Bevölkerung, drängt es sich geradezu auf, vor Ort zu produzieren und zu konsumieren. Die Regionen würden so zu autonomen Nährböden, die ihre lokalen Ressourcen verwerten und pflegen, ohne sich von wechselseitigen Handelsbeziehungen abzuschließen. Landwirtschaft im menschlichen Maßstab, Handwerk, Kleinhandel usw. müssten wieder Gewicht bekommen, damit möglichst viele Bürger zu Wirtschaftsakteuren werden können.

*Eine andere Erziehung*

Wir wünschen uns aus tiefer Einsicht und von ganzem Herzen eine Erziehung, die sich nicht auf Leistungsdruck, sondern auf Wissensdurst gründet. Die das »Jeder für sich« abschafft und stattdessen die Kraft der Solidarität und des Miteinander betont. Die jede Begabung der Allgemeinheit zugute kommen lässt. Eine Erziehung, die den geistigen Zugang zu abstraktem Wissen ebenso fördert wie die Handfertigkeit und eine am stofflichen ausgerichtete Kreativität. Die dem Kind die Natur, der es sein Überleben verdankt und auf immer verdanken wird, nahebringt und die es für die Schönheit empfänglich macht und für seine Verantwortung gegenüber dem Leben. Denn all dies ist für die Ausbildung seines Bewusstseins wesentlich.

*Damit Bäume und Pflanzen sprießen, damit die Tiere, die sich von ihnen ernähren, gedeihen, damit die Menschen leben, müssen wir die Erde in Ehren halten.*

# AUSSTRAHLUNG UND ZUKUNFTSPERSPEKTIVEN

*Unter gesicherter und gesunder Ernährung verstehen wir das, was die Gemeinschaften in ihrer Region aus eigener Kraft erbringen können, und nicht die künstlichen Hilfsmaßnahmen, die manche Länder von mehr oder minder zufälligen karitativen Leistungen abhängig machen; diese entsprechen nicht der Würde eines verantwortungsbewussten und aufrechten Menschen. Wir haben zudem festgestellt, dass eine mit ökologischen Anbaumethoden erzielte Ernährung die zahlreichen Krankheiten, von denen die Bevölkerungsgruppen heute betroffen sind, reduziert.*

— Pierre Rabhi

Seit 1981 lehrt Pierre Rabhi an einer Reihe nationaler Einrichtungen Agrarökologie. Seit der Gründung 1984 eines Ausbildungszentrums in Gorom Gorom, Burkina Faso, trägt er seine Kenntnisse in unterschiedliche Weltgegenden in der Absicht, der dortigen Bevölkerung bei der Wiedererlangung ihrer Ernährungsautonomie zur Seite zu stehen. So engagiert sich Terre & Humanisme France[8] seit seiner Gründung im Jahre 1994 durch den Autor in verschiedenen internationalen Projekten.

Wo es nicht um von Naturkatastrophen erzwungene direkte Maßnahmen geht, wollen wir, die Stiftung, die nach dem Prinzip des Brandstifters als Feuerwehrmann agierende humanitäre Hilfe abschaffen. Stattdessen streben wir nach einen Humanismus, der auf der Sorge um den Menschen und die Natur, der er sein Leben und Überleben verdankt, beruht. Selbst unser bescheidenstes Engagement ist nicht von dem Willen bestimmt zu helfen, sondern versucht, für die von den Gemeinschaften selbst formulierten Bedürfnisse Antworten zu finden, die auf diese Anliegen zurechtgeschnitten sind. Es kann nicht darum gehen, ganzen Bevölkerungsgruppen eine stereotype Vorstellung des Lebens und des Wohlbefindens aufzuzwingen, die ein westliches, selbst schon in Schwierigkeiten steckendes Modell kopiert. Es gilt, den Besonderheiten der jeweiligen Anforderung Rechnung zu tragen, um sich im Respekt für die Traditionen, die Kulturen und die Lebensweisen gegenseitig zu befruchten.

## Internationale Programme

Seit vielen Jahren sind zahlreiche Programme zur agrarökologischen Grundlagen- und Praxisvermittlung in Mali, Senegal, Tunesien, Burkina Faso, Kamerun usw. erfolgreich abgehalten worden, die zum Ziel hatten, die Ernährungsautonomie zu verbessern sowie die Bevölkerung bei der Wahrung ihrer Anbautraditionen, im Kampf gegen die Desertifikation und bei der Wiederherstellung ihrer natürlichen Umwelt auf respektvolle Weise zu unterstützen.

2005 ist Terre & Humanisme Marokko gegründet worden, nachdem vier Jahre zuvor Pierre Rabhi an dem von der ESPOD organisierten internationalen Treffen mit dem Titel »Chemins d'alliance entre féminin d'Orient et d'Occident« teilgenommen hatte.[9] Seither sind im Rahmen marokkanischer Pilotprojekte wie der Farm Jnane Lakbir in Dar Bouassa, in der Nähe von Casablanca oder dem des bei Meknes gelegenen Dorfes Kermet Ben Salem, Lehrgänge in Agrarökologie abgehalten worden. Eine weitere Etappe des Engagements in Marokko stellt 2012 die Einweihung des *Carrefour des Initiatives et Pratiques Agroécologiques* in der Nähe von Marrakesch dar. Dieses Informations- und Ausbildungszentrum arbeitet auf lokaler, nationaler und internationaler Ebene.

Ein erster experimenteller Bauernhof für Kinder wurde 2009 von Terre & Humanisme Rumänien eingerichtet, ferner ein agrarökologisches Ausbildungszentrum im rumänischen Moldawien. Aufgrund des Erfolgs der von Pierre Rabhi beratenen ökologischen Bewirtschaftung der zum Kloster Solan[10] gehörenden Ländereien im Süden Frankreichs, hat ihn die Rumänisch-Orthodoxe Kirche eingeladen, den ökologischen Landbau seiner Prägung in Rumänien zu lehren. Das rumänische Patriarchat, das seinen Gläubigen über zahlreiche soziale Engagements eng verbunden ist, verfügt über fünfhundert zum Teil abgelegene Klöster, die für das agrarökologische Modell geeignet sind: Ein großes Experimentierfeld auch für die zahlreichen Kleinbauern in der Umgebung der Klöster.

## Die weitere Entfaltung der Agrarökologie in der Welt

In Anbetracht der Unberechenbarkeit der Erdölförderung, auf der die moderne landwirtschaftliche Produktionsweise beruht, erachtet eine wachsende Zahl von Menschen die Agrarökologie als notwendige Alternative. Die Botschaft, die wir unentwegt vorbringen und über zahlreiche Einrichtungen vertreten, wird mehr und mehr gehört, verstanden und in den verschiedenen Bereichen, aus denen sich unsere Gesellschaft zusammensetzt, diskutiert.[11] Um die Entstehung eines neuen Gesellschaftsmodells zu begleiten, das auf der Logik des Lebendigen beruht und für die Bevölkerung Sicherheit, Autonomie und Gesundheit der Ernährung garantiert, muss die wertvolle Erfahrung, über die wir verfügen, in weit größerem Umfang, im Norden wie im Süden, vermittelt und angewendet werden.

Deshalb wurde die Fondation Pierre Rabhi ins Leben gerufen.[12] Ihr Ziel ist es, Innovation, Entfaltung und Verbreitung von agrarökologischen und dem Menschen angemessenen Methoden zu unterstützen und die Sensibilisierung, Erziehung und Wissensvermittlung für eine nachhaltige, effektive und umweltschonende Landwirtschaft zu fördern. Sie koordiniert zudem einen Stab von Agrarökologen, »Landwirte ohne Grenzen«, der überall auf der Welt in bestehenden Einrichtungen, insbesondere in Burkina Faso, Marokko, Mali und Europa die dort erworbenen besonderen und am besten funktionierenden Vorgehensweisen und Kenntnisse bewertet und weiterempfiehlt.

Wenn wir das Fortbestehen und das Gedeihen der menschlichen Spezies auf der Erde sicherstellen wollen, sind wir aufgefordert, neue Gesellschaftsmodelle zu errichten, die den Menschen und die Natur ins Zentrum ihrer Aufmerksamkeit stellen. Diese nachhaltige Gesellschaft ist es sich zuallererst schuldig, ihre Bevölkerung gesund zu ernähren, das natürliche Umfeld zu bewahren und zu regenerieren und die Verbindung zwischen dem Menschen und der Natur wiederherzustellen, und dies mit der Sorge um das Los der zukünftigen Generationen, die unserem Gewissen auferlegt ist.

# ANMERKUNGEN

1 Der Begriff stammt von dem französischen Philosophen und Gesellschaftskritiker Edgar Morin. Siehe sein Buch: *Pour une politique de civilisation,* Paris 1997.

2 Alphonse Daudet: *Briefe aus meiner Mühle*, Stuttgart 1999.

3 Die dreißig glorreichen Jahre, die die Zeit des starken wirtschaftlichen Aufschwungs in Frankreich, aber auch nahezu aller »entwickelten Länder« zwischen 1945 und 1975 bezeichnen.

4 Siehe: Henry Fairfield Osborn jr., *Our Plundered Planet,* Boston 1948.

5 »Kultur ohne Boden« bezieht sich auf die sogenannte Hydrokultur, eine Anbaumethode, in der der Boden durch Wasser, in dem anorganische Substrate gelöst sind, ersetzt wird. Sie steht für eine entfremdete Landwirtschaft.

6 Laut der Fabel *Die Grille und die Ameise* von Jean de la Fontaine.

7 Rajid Rahnema, *Quand la misère chasse la pauvreté,* Arles 2003.

8 Siehe: www.terre-humanisme.org

9 Etwa: »Möglichkeiten des Zusammenschlusses zwischen Frauen des Orients und des Okzidents«; bei der ESPOD, *Association marocaine pour la promotion de l'enterprise féminine* handelt es sich um einen Verband marokkanischer Unternehmerinnen.

10 Siehe: www.monasteredesolan.com

11 Zu nennen sind hier: Les Amanins (www.lesamanins.com); Colibri (www.colibris-lemouvement.org); La Ferme des Enfant et le Hameau des Buis (www.la-ferme-des-enfants.com); Le Mapic (www.appel-consciences.info); Le Mouvement des oasis en tout lieux

12 Siehe: www.fondationpierrerabhi.org

# INHALTSVERZEICHNIS

**Auf dem Weg zu einer glücklichen Genügsamkeit**



**Anhang**

Zweite Auflage 2016


MSB Matthes & Seitz Berlin Verlagsgesellschaft mbH
Göhrener Str. 7 | 10437 Berlin
info@matthes-seitz-berlin.de

*Vers la sobriété heureuse*
Actes Sud
Place Nina-Berberova BP 90038 | 13633 Arles cedex

Druck und Bindung: Friedrich Pustet, Regensburg
Umschlaggestaltung: Dirk Lebahn, Berlin

*www.matthes-seitz-berlin.de*
ISBN 978-3-95757-086-4